タレント **鈴木 奈々**さん Nana Suzuki

・INTERVIEW・ ①
・インタビュー・

もがき続けた先に自分らしさが輝く

明るくて、ポジティブで、賑《にぎ》やか。その全力投球の姿でお茶の間を笑顔にする鈴木奈々さん。人の目なんて気にしない！そんなイメージがあるが、実際は「めちゃめちゃ気にするタイプ」だそうだ。「自分らしさ」に悩みながらたどり着いた答えとは——。

PROFILE プロフィル

すずき・なな

1988年、茨城県生まれ。ギャル雑誌「Popteen」の読者モデルを経て、タレントに。飾らない元気なキャラクターで、バラエティー番組を中心に活躍。

「こうなります宣言」で成長環境をつくる

皆さん、コロナ(新型コロナウイルスの感染拡大)の影響はどうですか？　私もテレビの仕事がキャンセルになったり、自宅からリモート出演したりして、茨城で自粛《じしゅく》生活を送っています。その分、自分と向き合う時間も増え、「自分らしさ」って何だろうと、ふと考えることがあるんです。

「自分らしく」って、めっちゃ難しくないですか？　何だろ、周《まわ》りの目を意識せず自分は自分です、みたいな感じ？　えっ、むり。私、ネットやSNSでエゴサーチするし、否定的なコメントがあったらへこんじゃう。私、本当に自分に自信がないんです……。

でもそんな時には、「私なら絶対、大丈夫！」って言い聞かせるようにしているんです。幼《おさな》い頃から、母に言われて、夢とか目標を具体的にノートに書いてきました。「こうなります！」って先に宣言すると、後は自分にエールを送るしかなくなるんですよね。雑誌のモデルになるっていう夢も、小学校のぶんしゅんに書いていて。(インタビュアー：ぶんしゅん……？)。あれ、卒業ぶんしゅんってありますよね？(ぶんしゅう〈文集〉、ですか？)。え……あ、それ！　週刊誌みたいになっちゃった(笑)。

それにも夢を書いていて、18歳でちゃんと叶《かな》ったんですよ。自信がなかった分、「こうなります宣言」をして、進むしかない環境をつくって、自分を成長させていった感じです。

強い「支え」があれば、何度だって前へ進める

正直、未来がどうなるかなんて誰にも分からないじゃないですか。自分の夢が、本当に自分らしさとつながっているのかも分からない。だから、無理に自信を持たなくてもいいのかなって。

大切なのは、「自信がない自分」を否定することじゃなくて、〝それも含めて私なんだ〟と思って、そのままの自分でチャレンジすることじゃないかなあ。だって、自信は挑戦するなかで少しずつ、ついていくものだと思うから。

でも、挑戦することの大切さを頭の中で分かっていても、不安になったり、いざ一歩踏《ふ》み出そうとすると足がすくんだりすることってありますよね。

私、ある週刊誌の「嫌いな女ランキング」で今年3位になったんです！　去年も2位で(笑)。本当にショックでした。本当にショック。だけど、周りのタレントさんたちの反応は別に否定的じゃなかったんです。ある大物芸能人からは、〝嫌いなタレントとはいえ、有名でなければその土俵《どひょう》にも上がれません。無理せずそのままの魅力《みりょく》で頑張ってください〟ってメッセージが届いたんです！　めちゃめちゃ感動しました。いろんな方に励《はげ》ましていただいて、不名誉なランキング入りも、多くの方々の記憶に残っていることなんだと思えるようになって。捉《とら》え方次第《しだい》で前に進むエンジンに変えられることを教えてもらいました。

挑戦すると苦しいことや傷つくこともあるけど、周りの強い支えがあれば、再び前を向けるというか、迷っていた自分を軌道《きどう》修正できるんです。

INTERVIEW with Nana Suzuki

インスタグラムの写真：本人提供

２０１１年に人気バラエティー番組に出演させてもらってから、私の人生は変わりました。翌年には、年間３００本以上もテレビに出て、ブレークしたんですよ。でも、芸能界って競争社会じゃないですか。どうすれば視聴者や共演者、スタッフの皆さんに、もっと喜んでもらえるのか、すごく悩んだ時期があって。仕事の帰り道、お母さんに泣きつくような思いで電話したんです。そしたらお母さんが「悩めるって素晴らしいことだよ。人は悩んで成長するの。今、とても成長してるんだよ」と言ってくれて。〝悩むことはいいことなんだ〟と思えたら、不思議と気持ちが楽になったんです。

味方をつくる「三つ」の心掛《が》け

私は人とコミュニケーションをとる時に心掛けている三つのことがあるんです。

一つは、誰に対しても自分からあいさつすることです。先輩とか、後輩とか関係なく、誰に対しても。第一印象って大事じゃないですか。笑顔で元気にあいさつすると、「今日も元気だね」って、テレビの本番でもトークを振《ふ》ってくれて、一日の仕事がうまくいくんです。だから、あいさつはとても大事にしています。

二つ目は、背伸びをせず、ありのままの自分をさらけ出すこと。私、初対面の人でも何でも話しちゃうタイプなんです（笑）。夢やプライベートの話をすることで、相手も心の扉《とびら》を開いてくれるんですよ。それですごく仲良くなって。悩んでいる時には相談できるし、逆に相手に何かあった時には力になってあげることができます。

三つ目は、親孝行の気持ちを忘れないこと。やっぱり、今の私があるのは両親のおかげだし、家族と過ごす時間があるから、気持ちの整理も、「心の充電」もできています。お母さんから「人に元気を与えられるタレントになってね」と、よく言われているので、これからも全力で頑張っていきたいと思います。

そして、もっと女性から憧《あこが》れられるような存在になって、次回は〝好きランキング〟に入りたいです！ 本当に入りたい！

Editorial Note 取材後記

「そうそうそう」。取材中、何度も相づちを打ち、こちらにも質問をしてくれた奈々さん。初めて会った相手にもリスペクトと関心を寄せる人当たりの柔らかさこそ、愛されキャラであるゆえんだろうと感じた。

女子7人制ラグビー
オリンピック代表候補

大竹 風美子さん Fumiko Otake

・INTERVIEW・
・インタビュー・
2

「誰かのために」——その思いが私に力をくれる。

PROFILE
プロフィル

おおたけ・ふみこ

1999年2月生まれ。ナイジェリア出身の父と日本人の母のもとに生まれる。日本体育大学ラグビー部女子所属。高校3年時にラグビーを始め、競技歴1年半で日本代表に選出。2018年アジア競技大会ではチーム初となる金メダル獲得に貢献。現在は第2次オリンピックスコッドのメンバーに選出されている。セブンズ日本代表キャップ数13。

東京オリンピックの女子7人制ラグビー日本代表候補（第2次オリンピックスコッドのメンバー）に名を連ねる大竹風美子さん。高校3年時からラグビーを始め、競技歴わずか1年半で日本代表まで駆け上がった。彼女にとってラグビーとは何か。そしてコロナ禍《か》の今、何を思うのか。ありのままの思いを語ってもらった。

――中学・高校は陸上競技に明け暮れた。高校3年の全国インターハイで入賞を果たすと、次は陸上とは違う挑戦の場所を求めた。そこで出あったのがラグビーだった。

最初はルールやチームプレーに慣《な》れるのが大変でした。無心で走り抜ければよかった陸上とは違って、ラグビーは急に止まって緩急《かんきゅう》をつけたり、ステップを踏《ふ》んだりするので、その動きに苦労しました。

それでも「楽しい」って気持ちが圧倒的に勝《まさ》っていました。相手にぶつかることへの恐怖心は全然なくて、むしろ「倒しちゃっていいのかな？」っていう心配の方が強かったですね。

――ラグビーへ転向してわずか1年半後、大竹選手は日本代表に選出。可能性は未知数ながらも、期待の新星として国際大会へ挑んだ。

プレッシャーは全くなくて、先輩から「初心者の特権《とっけん》だから、気負《きお》わず思いっきりプレーしておいで」って言ってもらって、がむしゃらにピッチを駆け回りました。

今までの陸上だったら、結果を残しても一人で喜びをかみしめるって感じだったんですけど、ラグビーは試合に勝った時に仲間と喜び合える。これが最高でした。

私って昔から「自分のため」だと、そこまで力が出ないんですけど、「誰かのために」って思うと不思議な力が出るというか、結果が出るんですよね。

ラグビーは自分に合ってるなと感じました。

――順調なサクセスストーリーを歩むかと思われた大竹選手だが、2018年、公式試合で負傷し、離脱《りだつ》を余儀《よぎ》なくされた。

相手選手との接触で足の関節を負傷してしまい、手術をすることに。すごく調子も良かったので、悔しくて大泣きしました。

3カ月してようやく復帰できたと思ったら、痛みが再発。さらに3カ月ほどして、復帰戦を迎《むか》えたと思ったら、次は肉離れになってしまったんです。

10カ月くらい実戦から離れていたことになるんですけど、東京オリンピックまで時間もなくて、相当焦《あせ》っていましたね。

それでも、この現実とちゃんと向き合わないとダメだと思って、映像分析をしたり、独自のラグビー考察をノートにまとめたり、自分の中のラグビーの引き出しを増やそうと切り替えていきました。

――ラグビーの引き出しを増やし、実戦に戻った大竹選手。だが、以前と比べて納得のいくプレーができず、いらだちを募《つの》らせた。

考えるプレーを意識しすぎるあまり、大胆《だいたん》さを欠くようになっていました。考えるプレーはもちろん大事なんですけど、いざという勝負どころで迷いがあったらチャンスをつぶしてしまう。私の場合は、考えることで迷いが生まれてしまっていました。

そんな私にチームメートは「風美子は思いっきりやったらいいよ」って言ってくれて。"あーそうだ、思いっきりの良さ

INTERVIEW with Fumiko Otake

が自分らしさじゃん"って。それからは、迷わず前に出て勝負するようになりました。

――この春、新型コロナウイルスの感染拡大の影響を受け、オリンピックの延期が決定した。うっすらと覚悟はしていたが、延期が実際に決まると「思考停止するくらい」悔しかったという。

朝起きるたびに「夢であってほしい」と思いました。どんなにつらい練習もオリンピックという目標があったから乗り越えられた……。初めて喪失感《そうしつかん》を味わいました。家族と過ごす時間の中で、ゆっくり少しずつ現実を受け止めていったという感じです。

そうした中で、いろんな人が声を掛《か》けてくれて、そこまで連絡を取り合ってなかった人も応援のメッセージをくださって。自分が思っていた以上に、私はみんなに支えてもらってラグビーをしていたんだということに気づかせてもらいました。

今回のコロナ禍があったことで、オリンピックの先の未来まで見据《みす》えるようになり、ラグビーを通して自分に何ができるのかを深く考えるようになりました。

ただで転ぶのは嫌だし、このまま終わる私じゃありません（笑）。どんな出来事にも絶対に意味はあるし、経験した悔しさ以上に、笑顔になれる未来をつくっていきたいと思います。

©JRFU

©JRFU

Editorial Note 取材後記

大竹選手はオリンピック・パラリンピックの延期は「単純に日程がスライドしただけではない」と言う。進行性の障がいのある選手らにとっては、確実に「次」があるわけではなく、現に引退を発表した選手もいた。「いろんな思いを感じながら、覚悟を持って挑んでいきたい」と。「誰かのため」があるほど強くなる彼女から目が離せない。

COLUMN

1

QUESTION & ANSWER

Q 自分に自信が持てません…

A ありのままの自分を認《みと》めてあげることからはじめよう

たぶん多くの人は、他人との比較《ひかく》の中で「自分」の立ち位置を確認してると思うんだ。「人と比べる必要なんかない」ってよく聞くけど、他の人がいるからこそ、自分の得意なことや苦手なものが分かって「自分を知る」ことができる。そう考えれば、人と比べること自体は何もネガティブなことではないよね。自分を知ることはあくまでも「現在地」を知るためのもので、その先の未来図をどう設計していくかが大事になってくる。

「自分らしさ」っていっても、自分一人しかいない世界だと何の意味もないし、いろんな人がいて、その中で「らしさ」も引き立つ。それに、自分がいくら頑張っても他の人になれるわけでもないし、他の人が自分になれるわけでもない。自分という人間は世界でたった一人の超《ちょう》レアな存在なんだ。

仏法では、人それぞれの使命を「桜梅桃李《おうばいとうり》」にたとえている。一つ一つ、色も形も違うけれど、春には喜びの花を満開に咲かせる。それに、どの花も、他の花を見て自信を無くすこともないし(笑)。明るい性格《せいかく》の人もいれば、落ち着いた性格の人もいるように、本当に人もそれぞれ違うし、みんなが明るい花である必要もない。まずは「ありのままの自分」を認めてあげることからはじめていきたいね。

あとさ、花って咲く時期がバラバラだよね。今は自分に自信が持てなくても“開花《かいか》”する時って、いつか必ず訪《おとず》れるから、焦《あせ》ることなく自分を大切に育てていこう。

アンケート調査「若者とコロナ」

・REPORT・
・リポート・

コロナショックにより、さまざまな場面において対応が迫られた2020年の春。自粛《じしゅく》生活が続いた中、私たちの意識はどう変化したのでしょうか。創価学会青年部員およびご協力いただいた方（10代～40代）を対象とした「若者とコロナ」に関するウェブアンケート（6月12日～30日に実施）の結果を紹介します。

オンライン社会の中で深まる「直接会う」ことの意味

アンケートの中で、特に回答のバラツキが目立った設問が「自粛《じしゅく》生活を経て、**大切だと強く感じるようになった事柄《ことがら》**に近いものはどれですか？」（Data①参照）。複数回答で6割強が「直接、人と会う」を選び、最多となっています。

オンラインコミュニケーションが充実した社会（＝会わなくても繋《つな》がりやすい社会）にあって、**「直接会う」ことの意味合いが深まり、より価値が高まってきたのかも**しれません。

逆に最も回答が少なかったのは「職場の人間関係」です。別の調査によると、近年、転職を考える人のうち職場での人間関係に難しさを感じる人は8割超という結果が出ています。コロナ禍《か》で進んだ**テレワークの導入などが、職場の人間関係にどのような影響を及ぼすことになるかは興味深いところです。**

その他、回答の多かったものに、「正しい情報」「健康への意識」「生活力（貯金等）」があり、少なかったものには「国際協調」「環境問題への意識」がありました。有事《ゆうじ》の際には「個」の安全欲求などに意識が偏《かたよ》るのは自然な流れですが、「SDGs（持続可能な開発目標）」などを通し**国際協調が叫ばれる時代にあって、私たち自身の思考がどこへ向いているのか**を問い直す一つのきっかけとなるかもしれません。

Data 3 年代差の開きが見えたコロナ禍の過ごし方

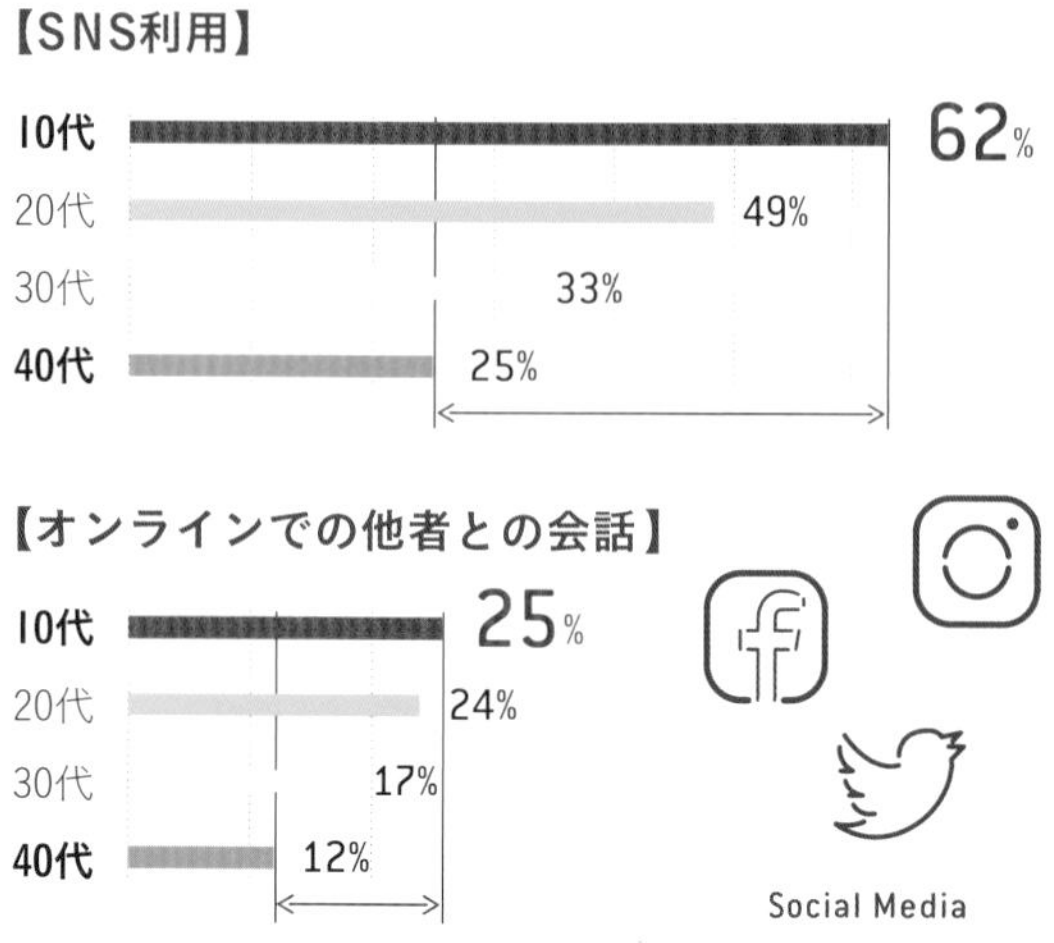

Data 2 新しい生活様式で人間関係はどうなる？

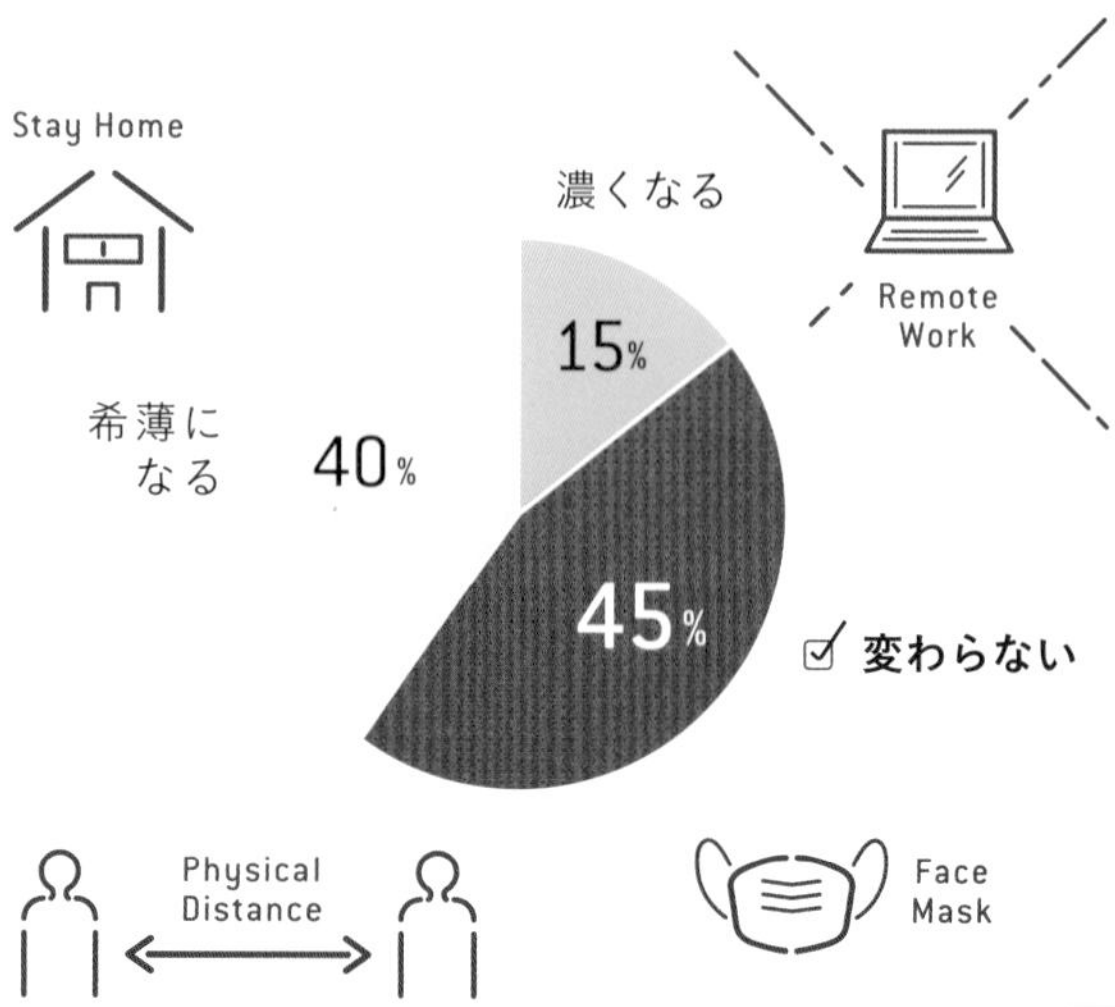

※アンケートは全国の男女10代～40代を対象に2万人に実施

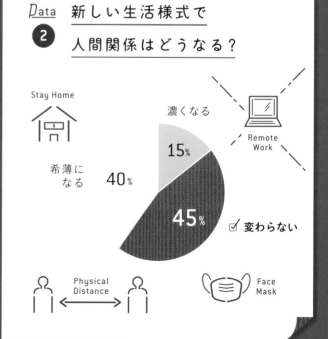

Data

1 コロナ禍の中で、大切に感じたものは？（複数回答）

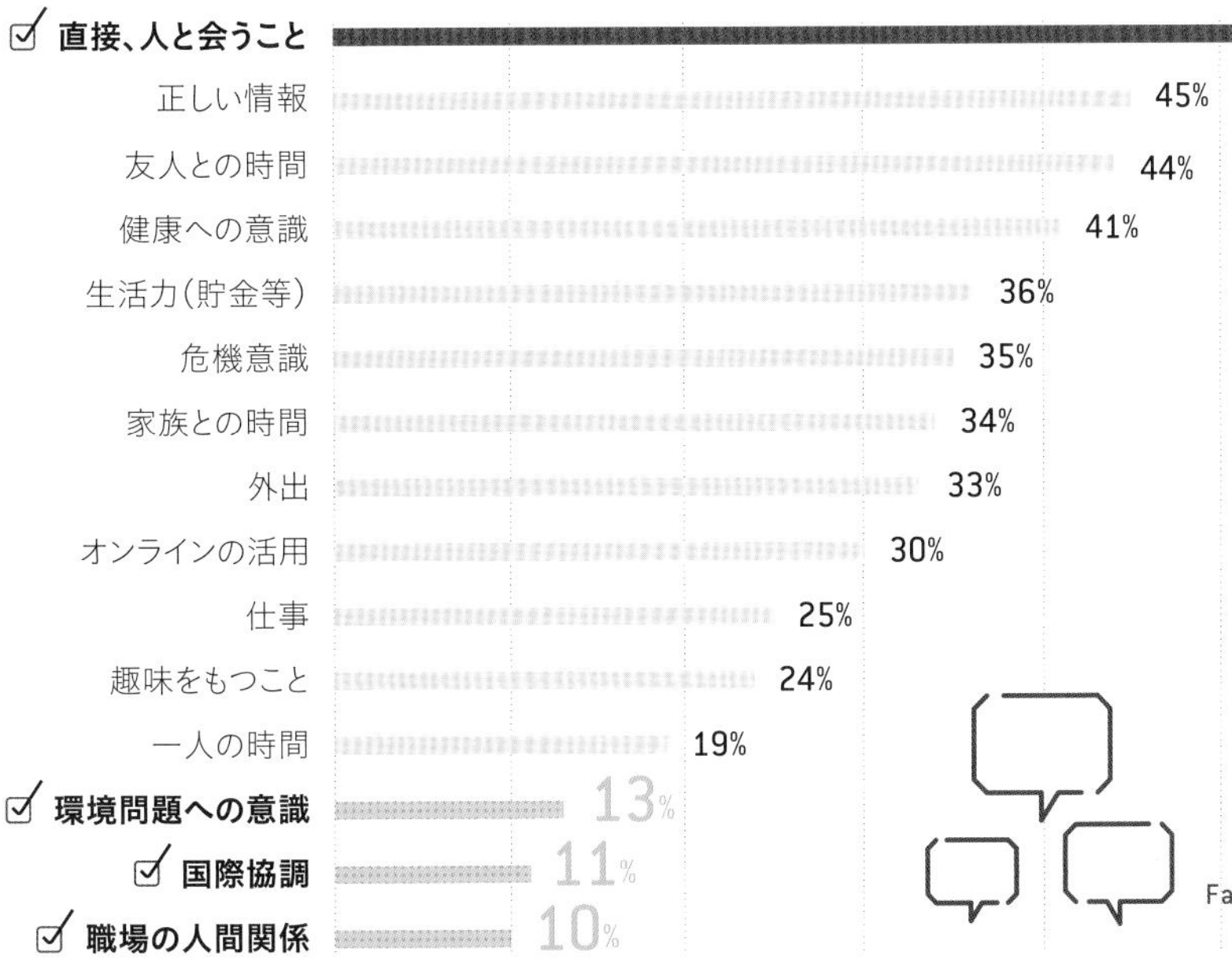

「直接、人と会う」が
6割強で最多！

「環境問題への意識」・
「国際協調」は関心薄く

Data

5 コロナの情報はどこから得ていましたか？

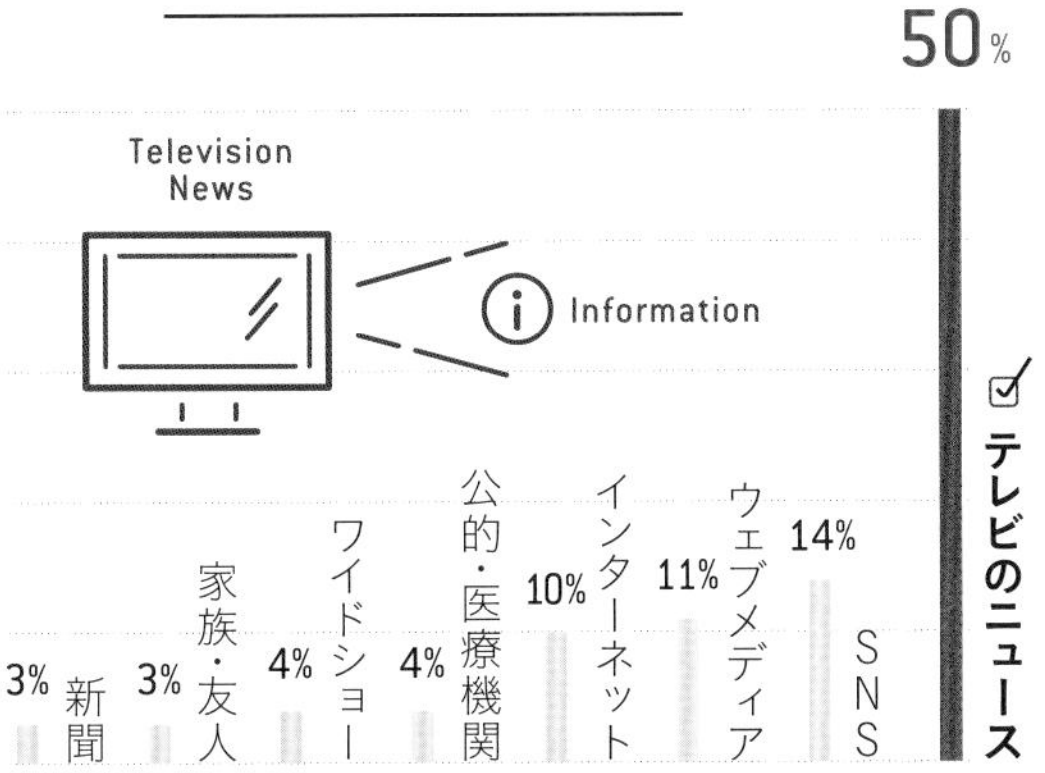

Data

4 リモートワークの経験はどうでしたか？

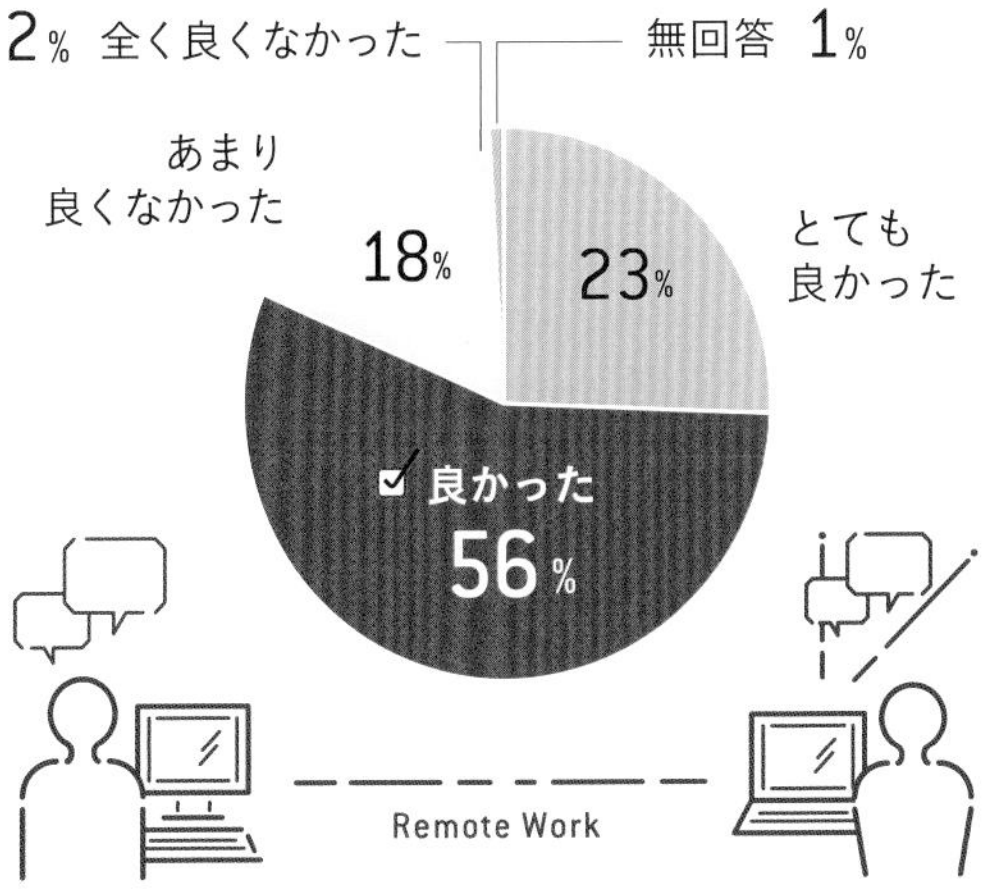

詳しくはWebで
SOKA YOUTH WEB

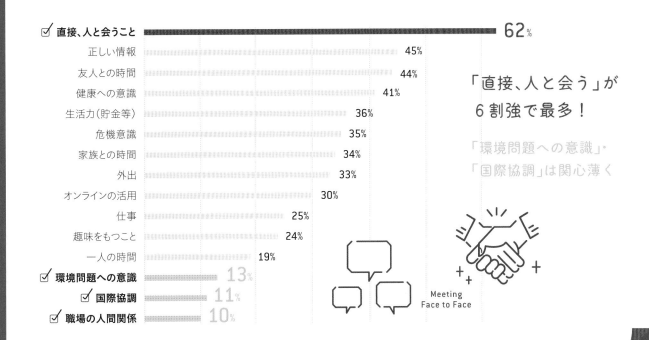

学会が取った迅速《じんそく》な対応

志賀青年部長　新型コロナウイルスの感染拡大の影響が出始めた2月中旬、創価学会は、宗教団体として、いち早く、全ての会合の「自粛《じしゅく》」を決定しました。学会は本来、とても活動的な団体です。「直接会い、語り合う」「集まり、触発し合う」運動を大切にしてきました。一定期間、「会えない」「集まれない」状況は、戦後初めてのことだったかもしれません。

それでも、「自粛」に至ったのは、生命尊厳《そんげん》、すなわち、「いのちほど大切なものはない」という理念があるからです。

時代を生きる

創価学会青年部長　志賀昭靖

藤原教授　今回のパンデミックのような公衆衛生上の危機に直面した時、その組織・団体の理念が問われます。創価学会は、政府の見解や科学的根拠を踏《ふ》まえながら、迅速な対応をされました。大きな「組織」であるにもかかわらず、その運営は、非常に柔軟ですね。学会が「一人」を大切にしている証しであると思います。

志賀　現在は、感染防止と社会経済活動の両立を目指す「ウィズコロナ」の段階に入りました。

学会としても、政府がイベントの開催制限を緩和《かんわ》した7月より、各地の施設を使った活動を一部再開しました。今後も、感染状況を冷静に見極めながら、徐々《じょじょ》に活動の幅を広げていきます。

藤原　こうした危機の対応には、政府や自治体による「公助」と、個人による「自助」がありますが、今、大事になるのは、学会のような中間団体による「共助」です。「個別の状況」に応じた励《はげ》ましの手を差し伸べていけるのが、中間団体の強みです。学会ほど、

志賀 昭靖（しが・あきやす）

1979年、大分県生まれ。創価学会青年部長。神戸大学国際文化学部卒。医療系NGOのAMDAでインターンシップ（ミャンマー）を経験。大手電機メーカー医療機器部門の海外営業部を経て、2007年から創価学会本部勤務。学会青年部では本年3月からSNSを活用して、新型コロナウイルス関連の情報を発信する「savelifeプロジェクト」を展開中。

「個別性」に対応できる団体はないでしょう。未知のウイルスは、多くの人々に、不安や恐怖を与えています。学会には、その一人一人に寄《よ》り添《そ》い、希望と安心をもたらす役割を担《にな》っていただきたいと思います。

自己責任論が強い社会

志賀 今、日本では、感染者やその家族への非難・中傷《ちゅうしょう》が絶えません。「感染は自業自得《じごうじとく》」といった「自己責任論」が強いという調査もあります。(※)

藤原 日本には、「ムラ社会」の文化が根強く残っています。

「ウィズコロナ」の

東京医科歯科大学教授　藤原武男

希薄《きはく》化しつつあるとはいえ、地域社会の助け合い・支え合いの意識が強い。それは、日本の良さである一方で、「同調圧力《どうちょうあつりょく》」(集団と歩調を合わせるように強《し》いる空気)が発生しやすい社会ともいえます。これが行き過ぎると、「あなたが感染したのは予防していなかったからだ」といった「自己責任」的な思考に陥《おちい》りやすくなります。実際には、予防対策をきちんと講じていた人でも、感染する例は少なくない。**改めて、「誰もが感染する可能性がある」ことを強調したいと思います。**

志賀 **「もし自分が感染したら」「もし大切な家族や友人が感染したら」と想像し、「自分ごと」として捉《とら》えることが大切ですね。**感染者への非難・中傷が、どれほど心苦しいことか分かります。

藤原 職場や学校等でも、感染者を非難する雰囲気が少しでもあれば、たとえ体調不良でも、当事者は言い出しづらくなります。それが結果的に、多くの人に感染を広げてしまいかねない。最も大切なのは、「いのちを守る」ことです。**「自己責任論」が**

藤原　武男（ふじわら・たけお）

1974年、東京都生まれ。東京医科歯科大学教授(国際健康推進医学分野)。同大学大学院の医学博士号、米ハーバード大学公衆衛生大学院の公衆衛生学修士号を取得。国立成育医療研究センター研究所等を経て、2016年から現職。日本医師会から平成29年度医学研究奨励賞を受賞。近著に『医学からみた「幸福は人に伝わる」』(潮出版社)。

強い社会は、大切な人のいのちを守れない社会です。「感染しない・させない」と努力することはもちろん大切ですが、それ以上に、〈感染＝悪いこと〉という発想は、社会を挙《あ》げて転換していく必要があります。

「つながり」の価値を再発見

志賀　「ウィズコロナ」の時代は、社会の大きな転換期であるといえます。人々の価値観が多様化《たようか》する中で、「新しい生き方」が求められていると思います。

藤原　4、5月の自粛期間は、「これからどう生きていくべきか」と、自分を見つめ直す機会になっていたのではないでしょうか。当然、「コロナのせいで」できなくなったことがあるでしょう。ただ、それ以上に、「コロナをきっかけに」見つけた価値もあるのではないかと思います。

志賀　**改めて、私が強く感じたのは「つながり」の価値です。今までは〝当たり前〟だと思っていた「つながり」がいかに、大きな存在だったか。**学会青年部では、「会えない」「集まれない」状況下で、オンラインを積極的に活用し、顔を見ながら、励まし合ってきました。青年部が実施した「若者意識調査」でも、今後、大切にしたい価値観として「つながり」が一つのキーワードでした。

藤原　公衆衛生の分野でも、「人とのつながり」を指す、「ソーシャル・キャピタル」が、健康に大きな影響を与えることが分かっています。また、豊かなつながりが多い人ほど、幸福感を得やすい傾向にあります。**「ウィズコロナ」は、互《たが》いの「違い」を受け入れながら、多様性を尊重《そんちょう》する時代といえます。**自粛生活を経て、「つながり」の大切さを再確認したからこそ、今後は、「つながり」の質を高めていってほしいと思います。

「つながり」は、「同質」な者同士が結び付く「ボンディング（結束型）」と、「異質」な者同士を結び付ける「ブリッジング（橋渡し型）」に大別《たいべつ》されます。〝いつもの仲間〟といった「同質なつながり」は、安心感をもたらしますが、やり取りされる情報は似通ったものになりがちです。一方で、自分とは異なる考えを持った「異質なつながり」は、自分の生き方に、新しい価値をもたらす可能性があります。たとえ、立場や意見は異なったとしても、〝あの人とは違う〟と避《さ》けるのではなく、まず、話し合う。〝何が違うのか〟が分かれば、共感できる部分も必ず見つかるでしょう。**皆が「違う」ことが尊重される「つながり」を築いていければ、私たちの人生は、もっと豊かになるはずです。**

志賀　創価学会は、「多様性」の集まりといえます。同じ信仰を実践しているという点では「同質なつながり」といえますが、実際は、職業も年代も違う人々が「異質なつながり」の中で、常日頃、切磋琢磨《せっさたくま》しながら、自他共《じたとも》の幸福を目指しています。私たち学会員が大切にしている生き方です。

藤原　こうした豊かな「つながり」の中で、「新しい価値」を発見していく。その挑戦の中にこそ、「ウィズコロナ」の時代を生き抜くヒントがあると思います。

（取材・撮影：2020年7月6日）

※三浦麻子・大阪大大学院教授らの研究グループが本年3月～4月に実施した調査結果。「新型コロナウイルスに感染するのは自業自得」と考えていた人の割合が、米国1%、英国1.49%、イタリア2.51%、中国4.83%に対し、日本は11.5%で5カ国中最も高かった。

COLUMN

2

QUESTION & ANSWER

Q 今の時代に宗教って必要ある？

この皿…いかがですかな？
これは100円もつきませんな
ほう…あなたのその価値判断の基準は？
フッ…知りたいですか
右目の下にホクロのある人が持ってきたら一律《いちりつ》100万円です
品物は関係ないの!?
だが…案外《あんがい》こういう人が
本物なのかもしれない？

A 人生の選択に迷《まよ》わない価値判断《かちはんだん》の軸《じく》を持てる。

　今って、便利な世の中だよね。スマホ一つあれば、映画やドラマも視聴《しちょう》できるし、買い物もワンクリックで成立しちゃう。ライフスタイルも多様《たよう》になって、選択肢《せんたくし》の幅が広がった感じかな。ただ選択肢が増えた分、迷うことも自然と増えたと思う。

　心理学で「ジャムの法則」っていうのがあるんだけど。例えば、いちごジャムを買いに行ってお店に３種類のいちごジャムが並んでいたら、そこまで悩まずに選べるよね。でも、２０種類ぐらい置いてあったら……まあ迷うよね（笑）。購入率《こうにゅうりつ》も下がっちゃうらしいんだ（※諸説《しょせつ》あり）。

　人生にも似たことが言えると思ってて。今は、働き方一つ見てもいろんな形態《けいたい》があるし、家族の形や結婚観もさまざま。それこそダイバーシティ（多様性）が重視《じゅうし》される時代だから、どんな人生の選択が正しいかなんて分からないよね。「迷いやすい時代」に突入しているわけだ。

　そこで必要になってくるのは、たくさんある選択肢の中から「自分はこれ！」って選べる価値判断《かちはんだん》の「軸《じく》」を持てるかどうかだと思うんだ。その選択には、間違いなくその人の人生観や信念が反映されるわけで、時代に流されない人間の基底部《きていぶ》を磨《みが》き、ブレない心をつくっていくのが宗教や信仰《しんこう》の役割なんだ。

　あとは、たとえ自分の選択が失敗だったとしても、その時点から失敗を「意味があるもの」へと巻き返していく価値の創造《そうぞう》こそ、創価学会の信仰の醍醐味《だいごみ》でもあるんだ。

TITLE

夫を「パパ」にしてくれた

NAME

遠山 敬子さん

PROFILE

とおやま・けいこ
東京都小金井市在住。2013年、健裕《たけひろ》さんと結婚。翌年、誕生した長男の陽君がダウン症候群との診断を受ける。現在は、市内のダウン症の会で、ベビーリーダーを務め、ダウン症の未就学児を育てるママ友と、子育ての悩みや喜びを共有している。

わが家に幸せを運んでくれる子

大好きな焼きそばを食べる時は、目を見開いて喜ぶ。反対に、おなかがすくと「激《げき》おこ」。いろんな顔を見せてくれる息子。どんな表情もいとおしい。一般に、ダウン症候群《しょうこうぐん》の子は、流産の危機を乗り越《こ》えた「生命力の強い子」といわれる。遠山敬子さんが、ダウン症と向き合うことができたのも、生命力あふれる陽《よう》君の笑顔のおかげだった。

陽《よう》は生まれてすぐ、NICU（新生児集中治療室）に入った。

夫と検査結果を聞いた。「息子さんは、ダウン症候群かもしれません。また白血病《はっけつびょう》、肝不全《かんふぜん》の疑いもあります。もしも肝不全であれば、助からないかもしれません」

たくさんの管《くだ》につながれて小さく息をする陽の姿を見て、私は泣き崩《くず》れてしまった。

でも、夫は表情を変えなかった。お医者さんに「ダウン症って、どんな障がいですか？」って聞いたり、スマホで検索したり。夫は自分の弱さを見せられず、不安を一人で抱《かか》えこんでいたんだと思う。

出産から1カ月後、陽は、ダウン症と診断された。夫は、陽のことを避《さ》けるようになった。私は私で周《まわ》りの目が気になり、家の中に閉じこもるようになった。

創価学会の婦人部の皆さんが心配してくれて、連絡をくだ

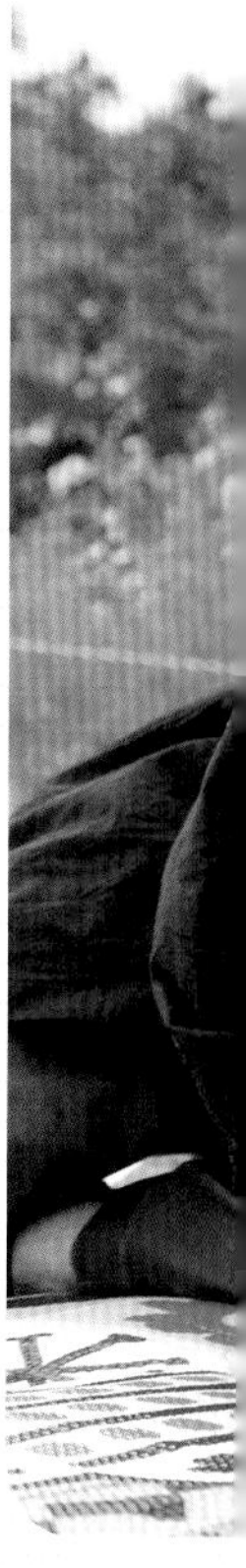

さった。不安を言葉にするのは簡単じゃなかったけど、話を聞いてもらうと気持ちが安《やす》らいだ。

生後3カ月を迎《むか》えた頃、地区の皆さんが陽の入会記念勤行《ごんぎょう》会を開いてくださった。久しぶりの外出。勇気を振《ふ》り絞《しぼ》って会館に向かった。

会館に着くと、一人のおじちゃんが笑顔で近づいてきて、陽を抱《だ》っこしてくれた。「僕のおいっ子がね、こういう子なんだよ。僕ね、こういう子大好き」って。うれしかった。学会の人は、本当にあったかい。

この日、母が言った言葉が、ずっと心に残ってる。

「陽はね、わが家に福運を運んでくれる子なのよ」

ダウン症の陽は、筋肉の緊張性の障がいがある。首が据《す》わるのも、寝返りを打つのも、ゆっくりだった。

体が丸まりやすくて、お座りは1歳過ぎまでできなかった。ゲップがうまく出せなくて、抱っこひもで歩くと、よく吐いてた。大きなママバッグに陽の着替えをたくさん入れて、持ち歩いた。

ご飯を食べられるように口や舌の動きを覚えたり、絵を見て言葉を学んだり。赤ちゃんの頃から、いろいろな訓練を受けた。ハイハイも泣きながら練習した。一生懸命な陽の姿が、とってもいとおしかった。

そんな陽と私のことを、同じようにダウン症の子をもつ婦人部の先輩が、いつも見守ってくださった。

「大丈夫。陽君が歩ける日も必ず来るから。ゆっくりでいいのよ」

そうだ。焦《あせ》らなくていいんだ。陽は陽なんだから。私の心も、ゆっくり、じっくりでいいんだ。

一日一日、陽は着実に成長して、4歳になる直前、一人で歩けるようになった。

◆

〝夫も陽のこと、かわいいって思ってくれたらいいのにな〟

そんなことを考えながら、陽の顔を見つめていると、ニコニコって。〝ママ、大丈夫だよ〟って、私を元気づけるように笑ってくれた。

ある日、夫に、陽が両手を広げ〝抱っこ、抱っこ〟って。夫が抱くと、陽は大はしゃぎ。それからは、大好きな焼きそばを食べる時も、パパと一緒。トイレも、パパと一緒。夜になると、〝パパ、いつ帰ってくるの?〟って、陽が玄関の方を指さすようになった。

「父の日」に、陽が折り紙でネクタイを作ってくれた。父親になって初めてもらった息子からのプレゼント。夫は目を潤《うる》ませて「今まで生きてきた中で、一番幸せ」って。陽をぎゅっと抱き締《し》めた。陽の愛が、夫の不安をとかしてくれた。夫のことを「パパ」にしてくれた。

今では、夫の方が陽に夢中になっちゃって(笑)。仕事から帰ってくると、陽の横に寝そべって、「かわいい陽だから。自慢《じまん》の陽だから」って話し掛《か》けてる。私にも「こんなにかわいい子を産んでくれて、本当にありがとう」って言ってくれた。

陽がくれた、たくさんの絆《きずな》。たくさんの幸せ。これからも、陽のニコニコが絶《た》えないように。陽が楽しく、自分らしく生きていく道を、家族みんなで探していきたい。

「強いことが幸福である! 明るいことが幸福である!」。大好きな池田先生の指針を、胸に抱《いだ》きながら——。

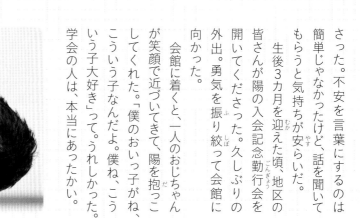

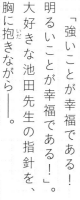

TITLE

ばあちゃんのおにぎり

NAME

金道 孝志 さん

幸せの人生を教えてくれた

金道孝志さんには、両親の記憶《きおく》がない。母親は、金道さんを産んで、間もなく亡《な》くなった。養子《ようし》に出された金道さん。すぐに裕福な夫婦が現れたが、「私たちで育てます」と、頑《がん》と遮《さえぎ》った人がいた。祖母の保子《やすこ》さんだ。金道さんの傍《かたわ》らには、無上の愛を注《そそ》ぐ保子さんと、祖父の定夫《さだお》さんがいつもいた。

小さい頃、ボロの長屋《ながや》で、じいちゃんとばあちゃんと3人で暮《く》らしていた。

食卓の定番は煮物《にもの》。本当はハンバーグとか食べたかった。でも、好きなのもあった。おにぎりや。俵《たわら》の形をした、具のないおにぎり。

小学3年生の時、授業参観のプリントは破《やぶ》って捨てた。みんな、若い母ちゃんやのに、俺《おれ》だけ、ばあちゃんが来るから。

中学で俺が問題を起こした時、ばあちゃんは泣きながら叱《しか》ってくれた。でも、「育ててくれって、誰も頼《たの》んでへんわ！」と、いきがった。

高校生になると、夜の街に居場所を探した。たまに家に帰ると、ばあちゃんは、いつも御本尊《ごほんぞん》の前にいた。「信心《しんじん》しいや」と言われたが、「宗教なんか、弱いやつがやるもんや」と、背を向けた。それでも、「おなか減ったやろ」と、おにぎりを握《にぎ》ってくれた。

2000年春。高校を卒業して、塗装《とそう》会社に就職した。20キロのペンキ缶を両肩にかつぎ、高層

PROFILE

かねみち・たかし
大阪府大阪市在住。生後間もなく母を亡くし、祖父母の元で育つ。2000年、塗装会社に就職。12年、「なにわの名工若葉賞」を受賞。現在、会社の「番頭《ばんとう》」となり、経営全体を見る立場として、業者との折衝《せっしょう》や経理などを担《にな》っている。

ビルの階段を何往復もした。踏《ふ》ん張《ば》った。徹夜《てつや》もした。休日も働いた。1級塗装技能士の資格を取って、20人の部下を持った。そして、有頂天《うちょうてん》になった。

仕事が終わると、後輩を連《つ》れて、飲んで暴れて……。「俺の人生は、どうなってもええわ」と投げやりに日々を過ごした。

いつしか、ばあちゃんのおにぎりを目にすることも無くなった。

◆

09年夏。じいちゃんから電話が入った。「ばあちゃんが入院した」と。

病室のカーテンを開けると、ばあちゃんはベッドに正座して、小さい声で題目《だいもく》をあげていた。髪は真っ白になり、やせた背中は丸く小さくなっていた。肝臓の病気だった。俺は、ずっと廊下《ろうか》で泣いた。

その晩《ばん》、御本尊の前に座った。「ばあちゃんを治《なお》してください」。ひたすら祈《いの》った。

思えば、ばあちゃんはいつも俺のために祈っていた。その気持ちが初めて分かった。

大学ノートを1枚破り、思いを書き記した。

〈ばあちゃん大好きやで。長生きしてや〉

次の日。病室で渡した。「俺、信心するわ」。何度もうなずくばあちゃんを、俺は何のためらいもなく抱《だ》きしめた。

◆

ばあちゃんは退院し、俺は創価学会の会合に参加するようになった。ばあちゃんは嬉《うれ》しそうな顔を少しも見せへん。けど、婦人部の

妻と祖父との和やかな日常

人が教えてくれた。「おばあちゃんな、孝志が信心を頑張りだしたって、泣きながら喜んでたんよ」

その頃、不況の影響《えいきょう》で、給料をカットされて、深夜の倉庫で仕分けのアルバイトを始めた。体がしんどい。けど、学会の活動を休もうとは思わなかった。

ある晩、ばあちゃんが寝床《ねどこ》から、ひょっこり起きて台所に立っていた。しわがたくさん刻《きざ》まれた小さな手に、ご飯をよそう。「我慢やで。何くそって思わなアカンで」。具のない塩味。俵の形。あの頃のおにぎりが戻ってきた。

歯を食いしばって3カ月。会社は不景気のど真ん中だったが、なぜか昇給した。ばあちゃんが言っていた。「この信心は不思議なんや。思いもよらんことが起きるんやから」

数週間後。ばあちゃんは、静かに永《なが》い眠りについた。散々《さんざん》、ひどいことを言った。傷つけて、我慢ばかりさせた。それでも、俺を育ててくれた。

俺は、ばあちゃんに覆《おお》いかぶさり、「ありがとう」と、大声で泣いた。

◆

思いもよらんことが起きた。

12年11月。大阪府青年優秀技能者として表彰された(なにわの名工若葉賞)。同じ頃、社長から「番頭《ばんとう》をやってくれ」と昇進の話もあった。「よう辛抱《しんぼう》したな」。ばあちゃんの声が聞こえてくる。

あれから8年。じいちゃんは元気やし、最高の嫁はん(綾子《あやこ》さん)もいる。ばあちゃんに教わった信心で、人に尽《つ》くす喜びを知れた。だから今は、ばあちゃんに自信をもって言える。「俺は幸せ者や! しっかり見といてな!」と。

◆

仕事の昼休み。おにぎりを食べながら思い出す。ほかほかのお米を包《つつ》みこむ、しわだらけの小さな手を。幸せの人生を教えてくれた、世界一のほほ笑《え》みを——。

ありし日の祖母・保子さんと:本人提供

TITLE

ありのまま生きていい

NAME

まぁ〜ちゃん

城間 勝さん

ＬＧＢＴ（セクシュアル・マイノリティー）の理解を広げる

「ＬＧＢＴ※」という言葉が広く知られるようになり、同性カップルのパートナーシップ制度を導入した自治体もある。一方で、いまだに差別や偏見《へんけん》が根強く残るのも実情だ。まぁ〜ちゃん（城間勝さん）は自《みずか》らの性を公表し、多様《たよう》な性への理解を広げている。

※「ＬＧＢＴ」女性同性愛のレズビアン、男性同性愛のゲイ、両性愛のバイセクシュアル、性同一性障害を含む肉体と精神の性別が一致しないトランスジェンダーの人々を指した総称。近年は、どちらの性別にも明確な同一感がない人たちが、「Ｘ《エックス》ジェンダー」という言葉で自らを語ることも増えている。

小・中学校と、壮絶《そうぜつ》ないじめを受けた。女性的なしぐさや話し方に、同級生らは「バイ菌《きん》がうつる」「早く死ね」と。ベランダから宙《ちゅう》づりにされたこともあった。教師に助けを求めても「あなた病気だよ」と否定された。

帰宅し、祖母がくれた書籍《しょせき》『希望対話』を開く。「もし君が自分で自分を『だめだ』と思っても、私は、そうは思わない」。池田先生の言葉が、うれしかった。

だが、現実はあまりに苦しい。御本尊《ごほんぞん》に誓《ちか》いを立てる。〝20歳までは頑張って生きます〟。当時14歳。自分で命の期限を決めた。

２００７年、高校２年の冬。学ランに青のストールを巻《ま》き、メークをして校門をくぐった。誰もが驚《おどろ》き、教師から声を掛《か》けられた。「制服はどっちにしたいの？」

問いに答える形で作文を書いた。それを読んだ教師らに頼《たの》まれ、

PROFILE

まぁ〜ちゃん（しろま・まさる）
沖縄市在住。男性の体を変えたいという意識はないが、性自認《せいじにん》については「男性でも女性でもない」。小・中学校と周囲の偏見にさらされ、高校時代にカミングアウト。性に関して悩む人たちとの出会いを重ねてきた。

全校集会で発表することに。

「私は心の中に性別が二つあります。女性が強い日と男性が強い日。恋愛対象は男性です。ただ、男性か女性かというよりも、その人個人を好きになるという人もいます」

数百人の前でのカミングアウト。衝撃《しょうげき》は大きかった。性の話を打ち明けられずにいた母・貞子《さだこ》さんへも、周《まわ》りの保護者から話が。

母は、愛するわが子を前にして泣いた。

「"息子がおかまになってかわいそう"って言われる気持ちがあんたに分かる? 沖縄じゃ、(理解されるには)10年早いんだよ」

◆

大学に進み、セクシャリティーの相互《そうご》理解に取り組むサークルに入った。そして20歳を迎《むか》える。この先を、どう生きようか——。

男性から女性へ性転換《せいてんかん》した人たちの店で働いたことも。だが「あんた、女になる気ないでしょ」と。男性同性愛者のゲイバーに行くと、今度は女性扱《あつか》い。結局、どこでも疎外《そがい》感がつきまとった。

20代も半《なか》ばにさしかかっていた16年、学会の男子部の先輩から「牙城会《がじょうかい》大学校(当時)に入ってほしい」と言われた。ニコッと笑って「お断《ことわ》りします」と答えた。会館警備《けいび》を担《にな》う"男らしさ"の象徴《しょうちょう》。絶対無理だと思った。

だが先輩は引かなかった。「男性とか女性とかじゃなく、青年部員として、やってほしいんだ」

「私でいいんでしょうか?」

「いいよ」

「後悔《こうかい》しないですか?」「絶対にしない」

考えに考え、その夜、母に報告した。「貞子さん。私、牙城会になります」

母は、うれしそうにほほ笑んでいた。

◆

母・貞子さんと

仏法対話に挑戦し、祈《いの》り抜《ぬ》く中で、人生が大きく変わっていく。自分と同じX《エックス》ジェンダー(男性でも女性でもない性)の双子と出会い、3人で「おねぇカラーズ」を結成。すぐに話題を呼び、沖縄市のコミュニティーFMに起用される。

リスナーからは「まぁ〜ちゃん」と親しまれ、おばーのような、うちなーぐち(沖縄の方言)で人気に火がつく。「『あなたたちには、一人一人に使命があるのよ』って、学会指導満載《まんさい》でお届《とど》けしてるわよー」

現在は、県内3市1村のFM局で六つのレギュラー番組を持つまでに。県内各地の小・中学校、高校でLGBTについての講演を行い、多様な性があることを子どもたちに伝えている。

生きることに苦しみ、かつて"殺してください"とまで御本尊に願った。今はこう思う。「御本尊様は、私の諦《あきら》めの心、卑屈《ひくつ》になってしまう心を殺してくださったんです」

いつの日か、LGBTなんて特別な呼び方をしないでも、互《たが》いを思いやれる社会になってほしい。そのためにまぁ〜ちゃんは、ありのまま、自《みずか》らを表現し続ける。

TITLE

凛然《りんぜん》と、海と生きていく

NAME

佐藤桃子さん

PROFILE

さとう・ももこ
北海道伊達市在住。千葉県の漁業協同組合学校を卒業後、道内の漁業協同組合に就職。その後、実家に戻り漁師の道へ。好きな言葉は「賢者《けんじゃ》はよろこび愚者《ぐしゃ》は退《しりぞ》く」。韓流ドラマが好きで韓国語を勉強中。漁の際はシミ予防の日焼け止めが必須《ひっす》。

背中で語れる漁師に——

細雪《ささめゆき》がちらつく漆黒《しっこく》の海。漁師の佐藤桃子さんは、クレーンですくいあげられた魚網《ぎょもう》をさばきながら、「まあまあの収獲ですね」と控えめに答え、頬《ほお》を緩《ゆる》めた。家族6人で漁業を営《いとな》む。気まぐれな自然の営みは、決して漁況《ぎょきょう》の安定を約束してはくれない。つかの間の喜びの後には、また戦いが待っている。ゆえに凛然《りんぜん》と、海と向き合い、海と生きている。

いつも海がそばにあった。父と母が漁師だったから、自然と海に行く機会も多かった。

小さい頃は、船の先端に立って、潮風を浴《あ》びるのが好きだった。波が来て、ふわっと胃が浮《う》くようなあの浮遊感《ふゆうかん》。たまんなかった。

よく家（漁業）の手伝いをしてた。中学生の時には、土曜日になると朝5時から朝市《あさいち》に出品をしに行った。そのせいで吹奏楽部《すいそうがくぶ》の朝練《あされん》に遅れてしまうことも多くて、みんなに事情を説明するんだけど、反応が「ん？」って感じで、漁師事情が全然通じなかった。

高校生になると、将来の選択に悩んだ。何もやりたいことがなかった。ホテルで配膳《はいぜん》のアルバイトをした時なんか、時間が過ぎ去るのが遅すぎて、拷問《ごうもん》だと思った。

でも海の仕事を手伝った時は、あっという間に時間が過ぎ去って

いく。やっぱりここが私の居場所なんだなって気づいた。

◆

なんとなく、漁業を支える仕事ができたらいいなと思って、道内の漁業協同組合に就職した。でも、既成《きせい》のルールや矛盾《むじゅん》にぶつかり、心が擦《す》り減っていった。実家の漁業が人手を必要としていたこともあり、流れに身を任せるように、地元に帰ってきた。

漁業を仕事にすると昔の手伝いとは違い、過酷《かこく》さが身にしみた。体はあざだらけになるし、沖合《おきあい》で海に落ちた時は本気で死ぬと思った。手もカッサカサになるし、炎天下でシミも増える。女子力はほしい。女子力がなんだ。うそ。女子力はほしい。

でも、漁師にしか味わえない喜びがある。魚が湧《わ》き上がった時のあのなんとも言えない高揚感《こうようかん》。厳しい時化《しけ》や寒さにも、豊漁《ほうりょう》を予感させるワクワクがある。私には、こっちの世界が合っていた。

漁の合間に家族で暖を取る

◆

2018年の春。ばあちゃんに創価学会の任用《にんよう》試験の受験を勧《すす》められた。入会は小さい頃にしてたけど、学会に対して何の感情も抱《いだ》いていなかったから、あんまり乗り気にはなれなかった。

でも、ばあちゃんとの勉強会がすごく楽しくて、すんなりと信仰の意味や学会のことが入ってきた。ばあちゃんの戦略に見事にはまってしまった。

任用試験の後、女子部の人から声を掛《か》けられた。オシャレで愛らしい人。学会の活動に参加してもいいかなーって思えた。

最初は、人前で勤行《ごんぎょう》をするのさえ恥《は》ずかしかった。だけど、この先輩がいつも、ちょうど頑張れそうなラインで目標を設定し、「桃ちゃん、挑戦してみよう」って言ってくる。そうすると、不思議だけどなんだか頑張れてしまう。私は、あれを「魔法の言葉」と呼んでいる。

そうやって、少しずつ信心の階段を上《のぼ》らせてもらううちに、私は自分の弱さを見つめられるようになった。

今までは、自分が正しいと信じ、トラブルの原因はいつも相手にあると思っていた。前の職場でもそうだった。

今は違う。自分を見つめ、相手の思いに心を傾《かたむ》け、何ができるかを考えるようになった。人づきあいを避《さ》けてきたはずの私が、今は女子部の友を励《はげ》ますという謎《なぞ》すぎる変化を見せている。この不思議な成長こそ、信心の醍醐味《だいごみ》だと思っている。

◆

昨年(19年)度、噴火湾《ふんかわん》では基幹《きかん》産業となっている養殖ホタテの原因不明の大量死が続き、生産高が激減した。さらに今年(20年)は、新型コロナウイルスが襲《おそ》いかかり、漁獲量は安定していたのに単価が急落。自分たちの力では太刀打《たちう》ちできない現実があることを思い知らされた。

海で生きていくとはどういうことか——祈《いの》りを深めた一年だった。

3代にわたって続く生業《なりわい》。自然の摂理《せつり》を受け入れ、いくつもの荒波を越えてきた父と母の背中は、どんな時でも揺るがず、未来をつかみ取ろうとしていた。

不安が重なると心が揺《ゆ》れちゃうこともあるけど、信心の帆《ほ》を揚げて、私らしく笑って成長していきたいと思う。

いつの日か私も、背中で語れる漁師になれるように——。

TITLE

踏《ふ》み出そう感謝の一歩

NAME

池田 伸彦 さん

右足切断を越《こ》え 介護福祉士として奮闘《ふんとう》

20歳の夏に起こった突然の悲劇《ひげき》だった——。16年前の7月27日、見習の土木作業員だった池田伸彦さんは、重機が行き交《か》う工事現場にいた。作業中、ふと背後に気配《けはい》を感じた。振《ふ》り返ると、重さ約4トンの油圧ショベルが迫《せま》ってくる。尻《しり》もちをついた次の瞬間《しゅんかん》、転倒した右足に重機がのし掛《か》かった。アキレスけんが切れる鈍《にぶ》い音がする。

右下腿《かたい》開放粉砕《ふんさい》骨折——骨も筋肉も断裂《だんれつ》し、医師は「切断」を口《くち》にした。

「俺《おれ》は絶対に切るもんか!」。声を荒《あら》らげて現実を否定したが、医師は静かに応《こた》えた。

「それは君の自由だよ。でも切断すれば、また歩けるんだよ」

不自由な足を残すか、切断するか。壊死《えし》が進み、枯《か》れ木のような足を見つめても、答えは出なかった。

PROFILE

いけだ・のぶひこ
広島県海田町在住。2004年に事故に遭《あ》い、右足を切断。“義足のランナー”として、陸上競技に情熱を注ぐ。06年に介護福祉士の資格を取得。デイサービス施設の責任者として、利用者に寄《よ》り添《そ》う。

ある日、男子部の先輩が見舞いに来た。次の日も次の日も、激励《げきれい》が途絶《とだ》えることがない。「俺が一生お前を守る。絶対に守っちゃる」。右足をさすりながら泣いてくれた。その同志《し》の涙が、枯れた心に染みていく。

10月5日、右足を切断した。

◆

3カ月後、リハビリ室で義足《ぎそく》を履《は》き、ゆっくり立ち上がった。景色《けしき》が違う。うれし涙で、視界がにじんだ。

一方で新たな悩みも生まれた。町を歩けば人の視線が刺《さ》さる。

「障がい者」という現実。その宿命《しゅくめい》を乗り越える力を持ちたいと、創価班《そうかはん》大学校(当時)に志願《しがん》した。

池田先生の言葉が、生涯《しょうがい》の指針《ししん》になった。

「誰にでも、自分にしか果《は》たせない使命がある。その使命を堂々と果たすための舞台を、御本尊《ごほんぞん》からいただくのである。そして、断固勝つのだ」

松葉づえを突《つ》いて、友人のもとに足を運んだ。ありのままの思いを友人に語ると、3人が御本尊を受持《じゅじ》した。

次第《しだい》に、ある思いが浮《う》かんだ。

〝俺と同じ、体の不自由な人のために働きたい〟。見いだした使命の仕事は、〝介護職〟。介護福祉士《ふくしし》を目指し、2年間、福祉専門学校に通った。

障がい者支援施設からの採用通知が届《とど》いたのは、くしくも事故の日と同じ「7月27日」だった。

入浴介助のような重労働も多い。だが、人に尽《つ》くした分だけ、心が満《み》たされていった。

◆

長年の奮闘《ふんとう》を、陰《かげ》で見ていた人がいた。

「池田君、陸上競技に挑戦しないか?」

2014年冬、かつて病院で知り合った大学教授から提案を受けた。陸上用のスポーツ義足の開発に携《たずさ》わっているという。

「陸上競技の経験はないんです」

「いや、君ならできる。障がい者スポーツで大切なのは、強い意志なんだ」

それなら、と試《ため》しに陸上用の義足を履いてみた。バネのような感触。新しい世界に跳《と》び出せるような気がした。

仕事の合間にトレーニングを重ね、15年5月の広島県障害者陸上競技大会に出場した。

男子50メートルの決勝。スタートポジションに着くと、歓声が遠のいた。シーンとした静寂《せいじゃく》。ピストルが鳴ると、義足が第一歩を刻《きざ》んだ。その瞬間に感じた。

〝いける!〟

ゴールラインにトップで飛び込んだ。7秒93。県新記録だった。

〝自分の弱い心に、俺は勝ったんだ!〟

人さし指をかざした空には、晴れやかに虹が架《か》かっていた。

「勇気をもらった」と皆に声を掛《か》けられた。でも、それは違う。困難に挑《いど》む力を持てたのは、支えてくれた同志がいたからだ。

昨年(19年)10月、新たに立ち上がったデイサービス「瀬野時計台」の責任者に抜てきされた。

そこは、障がい者と高齢者が一緒に活動する〝共生型デイサービス施設〟。右足がないからこそ、同苦することができた。

もう一つ、うれしいことがある。明子《あきこ》さんという最高の伴侶《はんりょ》を得たこと。二人で婚姻《こんいん》届を出したのは、20年7月27日。事故から、ちょうど17年目の夏だった。

同志が教えてくれた信心は、障がいを〝使命の翼《つばさ》〟に変えてくれた。あふれる感謝を胸に、〝勝利〟という名のゴールへ、新たな一歩を踏《ふ》み出す。

妻の明子さんと：本人提供

TITLE

心に寄《よ》り添《そ》う産業カウンセラー

NAME

沢田純華さん

PROFILE

さわだ・あやか
埼玉県所沢市在住。中学では生徒会副会長、全国大会常連の吹奏楽部部長。創価大学を卒業後、現在は産業カウンセラーとして働き、母・荒井幸子さん、父・茂さんへの親孝行を誓う。

母の荒井幸子さんと

師に誓《ちか》った私の「親孝行」

「お母さんの耳を治《なお》したい」。沢田純華《あやか》が幼《おさな》い頃に抱《いだ》いた夢。母は進行性難聴《なんちょう》で両耳が聞こえなかった。母を支える優しい父。仲の良い両親が自慢《じまん》だった。だが、純華が中学2年の時、家族から笑顔が消える。祖父が急逝《きゅうせい》し、多額の負債《ふさい》が残ったのだ。その日から、家には連日、取り立ての電話が鳴《な》り響《ひび》いた——。

2004年6月7日、疲れ果《は》てた両親は離婚《りこん》を選択。純華《あやか》は、祖母と父に引き取られた。泣きじゃくる純華に、母は小さな箱を見せた。中には、純華が生まれた時のへその緒《お》。「どんなに離《はな》れていても、親子だからね」

この頃、純華は学校でも苦悩を抱《かか》えていた。クラスでいじめられている子をかばったことで、逆に純華がいじめの対象になった。果てしない孤独《こどく》が胸を覆《おお》う。

それでも負けず、志望の高校に進む。母もまた、懸命《けんめい》に自活《じかつ》の道を切り開いていた。〝母をそばで支えたい〟。父も快諾《かいだく》してくれ、高校進学と同時に、母との2人暮《ぐ》らしを始めた。

だが、心労を重ねた母は体調を崩《くず》す。「うつ病」と診断された。母の代わりに、純華はアルバイトに汗《あせ》し、家に帰れば、「死にたい」と泣く母に寄《よ》り添《そ》い続けた。

そんな高校2年のある日、女子部の先輩から「何か悩んでることない?」と声を掛《か》けられた。

純華が「大丈夫です。こうして祈《いの》れるのも、母のおかげです」と応《こた》えると、先輩は首を横に振《ふ》った。

「純華ちゃんの心には、もっとたくさんの思いがあるはずだよ」

ドキッとした。〝誰も私のことなんか気にしていない〟と思っていた。それに、本心をさらけ出したところで〝他人に私の気持ちは分からない〟と、どこかで人を見限ってもいた。

だが、目の前の先輩は「一緒に悩ませてほしい」と、涙を浮《う》かべている。この人なら――そう思うと、自然に言葉が出た。「私、寂《さび》しいです。苦しいです……」

両親の離婚を防げなかったことで、自分を責《せ》め続けていた。会合で「一家和楽《いっかわらく》」という言葉を聞くたび胸が痛かった。〝私たち家族は、困難に負けて、バラバラになってしまったの?〟

先輩は、そっと抱《だ》き締《し》めてくれた。「ありのままの純華ちゃんで、祈っていけばいいんだよ」

◆

2008年6月7日、純華は、東京牧口《まきぐち》記念会館にいた。くしくも両親が離婚した日と同じ日。高等部の代表として、青年部幹部会に出席していた。

池田先生の呼び掛《か》けに、純華は元気いっぱい手を挙《あ》げた。最前列にいた4人の高等部員と共に、壇上《だんじょう》に呼ばれた。

初めて会った先生。「お母さんによろしく。お父さんにも、よろしく。親孝行するんだよ」。まなざしが温かかった。先生の奥さまが金メダルのチョコレートを、首に掛けてくれた。そこには「You are the greatest!(あなたが一番!)」と記されていた。

家に帰り、祈りながら自分の心と向き合った。

母はかつて、「離れていても親子」と言った。先生は〝お母さんにも、お父さんにも〟と言われていた。〝私たち家族は負けてなんかいない。私だからできる「和楽」が、きっとある〟

純華は、創価大学へ進んだ。励《はげ》まし続けてくれた人たち、そして師匠に応えられるよう、うんと学び、力を付けたかった。

父と母は純華の願いに応え、「離れていても、お互《たが》いの幸せを祈っていくよ」と言ってくれた。家族が、互いに認め合いながら、それぞれの場所で、広布に歩んでいく。「それが、うちの一家和楽なんだ」と思えた。

純華は今も、別々に暮らす両親のもとに足しげく通い、学会活動に励む様子を伝えている。うれしそうな父母の笑顔を見るたび、心が躍《おど》る。

父は借金を全額返済し、母も病を寛解《かんかい》させた。純華は創大を卒業し、大手商社に就職。女性の営業職として、全国トップの成績を収《おさ》めた。

◆

折に触れ、幼い日の夢を思い出す。

かつて、母は言った。「お母さんが聞けなかった分まで、悩む人の声を聞いてほしい。そうすれば、私の耳が治ったことと同じなんだよ」と。

純華は、惜《お》しまれながらも商社を退職し、3年前から産業カウンセラーの道を歩み始めた。

企業で働く人たちの声を聞き、心のケアをする仕事。より良い労働環境を整《ととの》えられるよう助言を行《おこな》ったり、心のバランスを崩す社員の悩みに耳を傾《かたむ》けたりしている。

「今度は、私が誰かの支えに」――それが純華の願い。そして、その挑戦に、師に誓《ちか》った「親孝行」があると信じている。

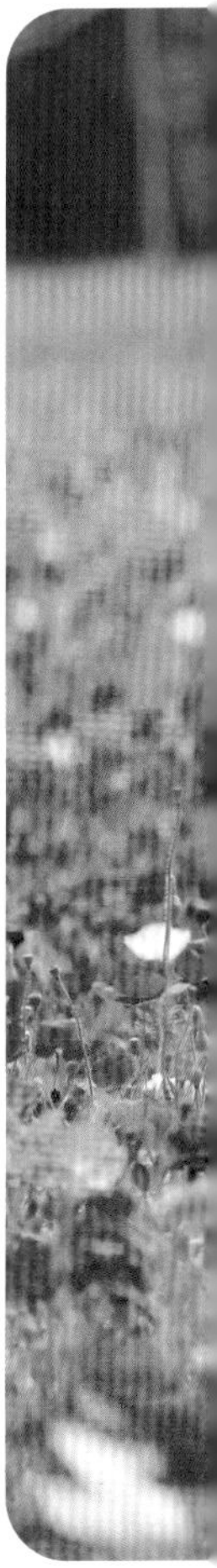

TITLE

コンプレックスは武器

NAME

土方聖二さん

PROFILE

ひじかた・せいじ
茨城県つくば市在住。高校中退後、アルバイトをしながら大学に入り、研究者となった。ドイツ赴任時、SGIの友と世界広布《こうふ》の誓いを立てたことが、今も挑戦の原動力となっている。

高校中退から研究者に

大手建設機械メーカーで、省エネルギーに関する研究開発を行《おこな》っている。これまでに登録された特許《とっきょ》は19件。特許庁で審査中《しんさちゅう》のものや出願予定も含《ふく》めると、実に28件もの発明を手掛《てが》けてきた。ゼロから価値を創造する力。それはどこから湧《わ》いてくるのだろうか。

“なぜ型《かた》にはまった人生を歩まなければならないのか”

高校生の頃から疑問だった。答えが見つからず、代わりに、不良仲間と朝から晩《ばん》まで遊び歩く。2年の冬に中退した。

仲間うちでやっていたことに、気に入った本を貸し合うというのがあった。ある時、親友から「読んでみろ」と。表紙には「青春対話」と書いてある。ページをめくると、ある文章に目が留《と》まった。

「社会を恨《うら》み、学校を恨み、親を恨み、自分を恨んで、それで自分が満足できるのか。そうではないでしょう。かけがえのない自分です。自分で自分を、くさらせてはいけない」

衝撃《しょうげき》を受けた。なぜこの人は、自分の気持ちが分かるのか？

◆

著者《ちょしゃ》は池田先生。本を貸してくれた親友、そして自分も、創価学会の家に育った。“信仰は親のもの”と思ってきた土方に

とって、先生との原点ともいえる〝出会い〟だった。

本の続きを読み進めた。「青春に、取り返しのつかないことなど絶対にない。むしろ、青春の失敗とは、失敗を恐《おそ》れて挑戦しないことです。また、自分で自分をあきらめてしまうことです」

土方は決めた。〝今からでも遅くない〟

ガソリンスタンドで週5日、午前7時から午後4時までのアルバイトをしながら、大検（現・高等学校卒業程度認定《にんてい》試験）の勉強を開始。中学1年の教科書から学び直した。疲れ果《は》て、机の前で朝を迎《むか》えることも。

高校中退から1年半後、大検に合格。さらに1年半後の2002年、大学生となった。

◆

10年後の12年、土方は〝新たな壁《かべ》〟にぶつかっていた。大学院の修士《しゅうし》課程を修《おさ》め、大企業の研究所に職を得たが、仕事の難易度や名門大学出身の優秀な同僚の姿に、自信を失いつつあった。

〝なぜ中学、高校の時にもっと勉強をしなかったのか〟。時に苦しさが、後悔《こうかい》となって浮《う》かぶ。2年間の研究は、まさかの打ち切りに。挫折《ざせつ》を味わった。

「土方君、こんな時こそ、学会活動だ」

そう言ってくれたのが、男子部の先輩だ。土方自身《じしん》は日々、唱題《しょうだい》を重《かさ》ねていたが、忙《いそが》しさから「活動」に割《さ》く時間は少なくなっていた。八方《はっぽう》ふさがりの現状で、その助言が、新たな可能性と思えた。

研究に区切りをつける時間を決め、家庭訪問や対話に歩く。ある会合に参加した時の、先輩の一言も胸に焼き付いた。「信心すれば、コンプレックスが一番の武器になる」

◆

学会の仲間の近況《きんきょう》を聞き、励《はげ》ますほど、生命が躍動《やくどう》していくのを感じた。それに伴《ともな》い、仕事の手応《てごた》えも変わった。「男子部の仲間のために歩いている〝道端《みちばた》〟でこそ、より多くのアイデアが湧いてきました」。製品化を実現し、数十億円の売り上げに貢献《こうけん》した。

壁を破《やぶ》ろうと挑戦を開始した際、一つの目標を立てた。それは「海外の研究機関で本物の力をつけたい」ということ。

2016年、機械工学の分野で世界最高峰《さいこうほう》にあるアーヘン工科大学との共同研究で、社内初のドイツへの赴任《ふにん》を果たす。博士課程にも在籍。2年間の赴任を終えた帰国後も、教授の裁量《さいりょう》で在籍を継続することができ、博士号の取得へ向け、論文を執筆《しっぴつ》している。

どれも異例《いれい》の挑戦。理解し、応援してくれる社内の人々に感謝が尽《つ》きない。

今も課題は尽きないが、向き合う決意は、17歳で大検を目指した頃と変わらない。今も『青春対話』の言葉が胸に燃えている。

「つねに『さあ、きょうから！』『今から！』『この瞬間から！』と未来を見つめて進むことです。これが日蓮大聖人《にちれんだいしょうにん》の『本因妙《ほんいんみょう》』の仏法の真髄《しんずい》です」

これからも、世界に貢献できる研究を続けたい。

妻・百合香さんと

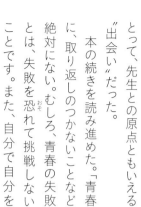

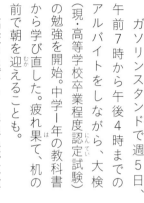

TITLE

自由を懸《か》けて戦う

NAME

川井彩乃さん

フリーランスの服飾《ふくしょく》クリエーター

服飾の専門学校を卒業後、川井彩乃さんは地元に戻り、オンラインで日本各地の顧客《こきゃく》と信頼を育《はぐく》んできた。新型コロナウイルスがもたらした危機の中、彼女はその強みと限界、両方を感じ、自分が選んだこの道で、戦い続けることを決意した。

2020年4月15日、国の緊急事態宣言が全国に拡大される前日。川井さんは、いつもと変わらず仕事を進めていた。

地下アイドルの衣装やメイドカフェのユニホームなどを請《う》け負《お》っているが、新型コロナウイルスの感染拡大で公演や店舗《てんぽ》営業が休止される中、製作のキャンセルはなかった。顧客の地下アイドルからは「自粛《じしゅく》が明けたら、すぐ新しいコスチュームで勝負したい」との思いを聞いた。

川井さんは実家近くの旧宅《きゅうたく》を

PROFILE

かわい・あやの
三重県桑名市在住。自宅兼アトリエで制作に励《はげ》む。理由の一つは「実家のそばで、親孝行がしたかったから」。多くの経験を重ね、両親との絆《きずな》は前よりも強くなり、感謝の思いを深くしている。

作業場としている。「業界で活躍したい同世代の多くが都会へ出て行く」のを見つめながら、故郷《こきょう》でフリーランスとして活動してきた。固定費はゼロ。インターネットがあれば、全国、世界の顧客ともつながれる。

コロナ禍《か》でもダメージを抑《おさ》える結果となったが、以前には、「自分は社会不適合者《ふてきごうしゃ》なのか」と感じるほどに悩んだ時期があった。

◆

中高一貫の進学校に通ったが、進路に悩み、高校3年から〝保健室登校〟に。卒業後、名古屋の服飾専門学校に入った。

だが膨大《ぼうだい》な課題、アルバイト生活、失恋にも疲れ、休学して一人暮《ぐ》らしのアパートにひきこもる。〝私がいなくても、今日も地球は回《まわ》る〟と悲観し、布団にくるまっていた時、信心に励《はげ》む祖父の口癖《くちぐせ》を思い出した。「生命は三世《さんぜ》永遠。今を大切に生きなきゃいかん」

自《みずか》ら祈《いの》るようになり、休学中にブランド「R-Liberty《リバティ》」を設立。復学、卒業を経《へ》て8年、フリーランス一本でやってきた。周《まわ》りに合わせなくてすむ自由な働き方ではあるが、そこには、生きる責任と重圧が一体であることも知った。

「私って弱いですよね」と、女子部の先輩に打ち明けたことがある。「誰と、何を比《くら》べてそう思うの？ 強いか弱いかは、自分自身で決めるのよ！」

思いがけない言葉と力強さに心打たれた。〝私には覚悟と忍耐《にんたい》が足りない。強く生きてみせる！〟。そう決めて、自身の道を、切り開いてきた——。

◆

コロナ禍の4月下旬、異変《いへん》が起きた。

中部3県でも有名な生地《きじ》店が休業に。ネット発注に希望を託すも、川井さんのニーズを満《み》たす品質の生地は次々品切れ状態で、入荷のめどが立たない。

「製作はオンラインで共有できますが、物が手に入らないと……。社会から、〝アナログ〟な部分がゼロになることはないと痛感《つうかん》しました」

衝撃《しょうげき》は大きかった。だがそれは、絶望や悲観とは違う感覚だという。日蓮大聖人《にちれんだいしょうにん》の立正安国論《りっしょうあんこくろん》の一節を学んでいたからだ。

「一身《いっしん》の安堵《あんど》を思わば先《ま》ず四表《しひょう》の静謐《せいひつ》を禱《いの》らん者か」——自分自身の安泰《あんたい》を願うならば、まず世の中の平穏《へいおん》を祈ることが必要、との仰《おお》せ。

池田先生はこの御文《ごもん》を拝《はい》し、学会は〝自分だけの幸福や安全もなければ、他人だけの不幸や危険もない。この生命観に立って、社会と世界全体の安穏《あんのん》を祈り、対話と連帯を広げてきた〟と振《ふ》り返っている。

川井さんは地元女子部の〝華陽姉妹《かようしまい》〟たちと、毎日、定刻に、それぞれの家で唱題《しょうだい》を開始した。不眠不休で働く医療関係者や、福祉関係者もいた。張《は》り詰《つ》めた中で尽力《じんりょく》する様子を電話で聞き、気づかされた。

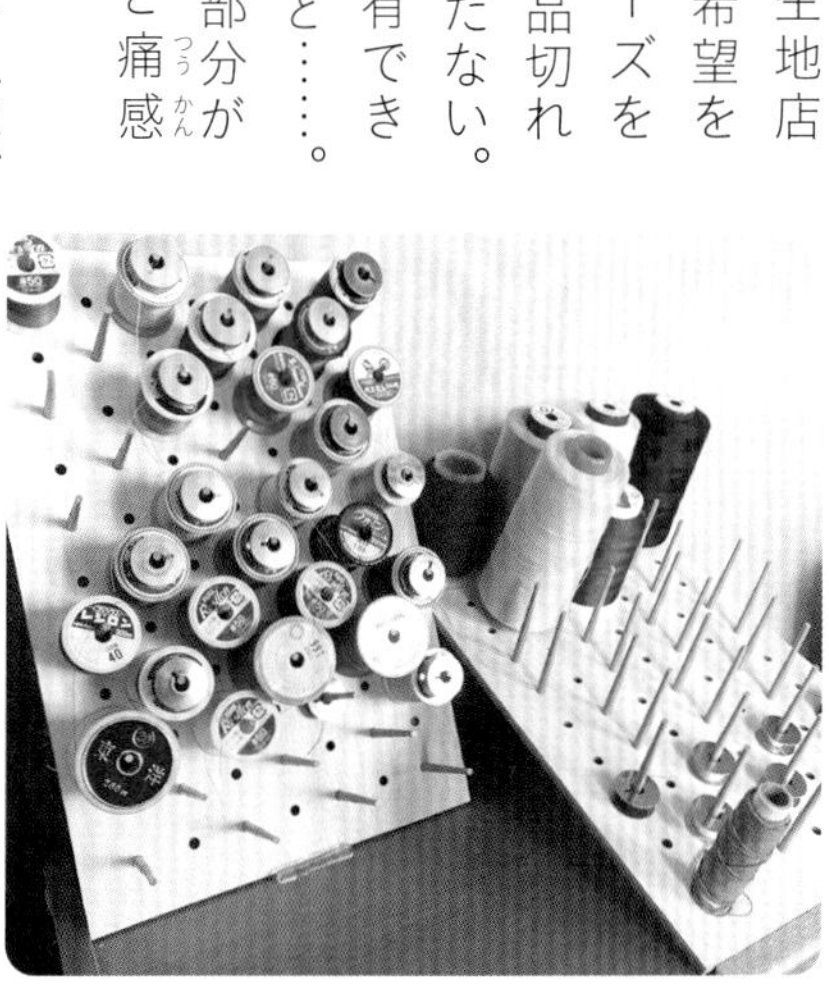

「困難に立ち向かう仲間がいるから、私も冷静でいられる。そして、祈れるからこそ、勇気が出る。後輩のメンバーには、『100回頑張って変わらなくても、祈りで変えていけることがある。それくらい、祈りってすごい力があるんだよ』と伝えています」

5月下旬、生地店は再開し、新規の仕事も受けることができた。社会情勢はいまだ変化し続けているが、川井さんの信念は、フリーランスで歩み始めた頃から変わらない。

「私は、自由を懸《か》けて戦い続けます」

TITLE

宿命《しゅくめい》の「崖《がけ》っぷち」は使命への「出発点」

NAME

酒井 康成 さん

不屈《ふくつ》の精神が、信心で磨《みが》かれた

モチモチとした太めの生パスタ。一口ほお張《ば》るだけで、ほどよく絡《から》んだソースと至福の旨《うま》みが口中に広がる。酒井康成さんが営《いとな》む「Pasta《パスタ》 Alba《アルバ》」は、2016年のオープン以来、多くの客を虜《とりこ》にしてきた。新型コロナウイルスの感染拡大の影響《えいきょう》は受けたが、この“逆境”を“チャンス”に転じた。信心で磨《みが》いてきた、不屈《ふくつ》の精神を武器にして――。

4月7日、政府が緊急事態宣言を発出《はっしゅつ》。飲食業界は苦境に立たされた。「Pasta Alba」も一気に客足が途絶《とだ》えた。

打つ手は早かった。それまで要望があれば応じていた「テークアウト」に傾注《けいちゅう》すると決め、チラシを作った。「コロナ禍《か》になったことで、それまで遠慮していた近隣への営業を堂々と掛《か》けられました。それから、初めて来るお客様が相当《そうとう》増えました」

さらに、SNSを毎日更新し続けた。外出できない分、スマホを眺《なが》める時間は増える。若い世代に影響力のある芸能人が〝行きつけの店〟として紹介したことも重なり、若年層《じゃくねんそう》を中心にフォロワーが増加していった。

細かい工夫も始めた。人気を博《はく》すドレッシングを店頭販売。遠くからの客には、麺《めん》が伸びないようにソースと分けて提供。テークアウトの際、当時品薄《しなうす》だった

PROFILE

さかい・やすなり
東京都目黒区在住。創価大学卒業後、レストランに就職。未経験ながら、真面目な働きぶりが評価され、人気店の店長に。2016年、生パスタ専門店「Pasta Alba」を世田谷区池尻にオープン。近隣をはじめ、各地から幅広い層が店を利用する。妻と二人暮らし。

アルコール消毒液を金魚《きんぎょ》型のしょうゆ差しに入れてサービス。容器を持参した人には容器代を割引——。真剣な祈《いの》りと、客を思う心が、知恵を湧《わ》かせた。

　その真心が実を結ぶ。4月には前月の半分まで落ち込んだ売り上げを、5、6月で取り戻した。7月は、ついに前年を超えた。

◆

20歳の時、両親が離婚《りこん》。経済的な理由が主な原因で、家族はバラバラに暮《く》らし始めた。酒井さんは音楽の道を諦《あきら》め、未経験だった飲食業界に入った。

家族との憩いのひととき

　その頃、創価学会の男子部から活動に誘《さそ》われた。両親が信仰していたが、酒井さんは消極的だった。だが、今の状況を変えようと一念発起《いちねんほっき》。先輩に言われるがまま、挑戦を始めてみた。

　しかし、状況は悪化する。慣《な》れない夜の仕事を始めていた母が体調を崩《くず》した。心身のバランスが崩れ、入院。治療費が底を突《つ》き、退院。母の状況はますます悪くなった。静かな日は一日もなかった。

◆

パンチパーマで消防団のジャケットを着て、いつも豪快《ごうかい》に笑っている。そんな地区部長との出会いが、酒井さんの人生を変えていく。

　男子部の地区リーダーだった酒井さんは、毎日のように連絡を取った。酒井家の状況もよく知ってくれていた。

　ある真冬の夜、地区部長と電話して数分後、家のチャイムが鳴った。ドアを開けると、さっきまで話していた地区部長。「声に元気がなかったから」——ニコニコして白い息をはいていた。「ありがたかったのと同時に、いつも元気で明るくて、悩みもなさそうな姿がうらやましかった」(酒井さん)

　しばらくして、婦人部の方と話した酒井さんは、衝撃《しょうげき》の事実を知った。地区部長の奥さんが、がんで手術をしていたというのだ。しかも、あの真冬の夜と同時期に。

「奥さんが大変なのに、そんな素振《そぶ》りも全《まった》く見せず、他人の私のところに来てくれた。こんなすごい生き方をしたいと、心の底から思いました」——酒井さんは、いまだにこの話をすると、涙を抑《おさ》えられなくなる。

◆

それからは、「人間革命《にんげんかくめい》する」という目標を立て、迷う心を打ち払《はら》った。状況は簡単に変わらないが、飾《かざ》らない自分を見せるようにした。すると、友人も、ありのままの悩みを打ち明けてくれるようになり、入会に導《みちび》くことができた。

　ある日の真夜中。物音で目を覚《さ》まし、玄関に行くと、母が倒れていた。救急車で病院へ。脳出血を起こし、意識不明に。「障がいが残ることは覚悟して」と医師から告《つ》げられた。ところが——。

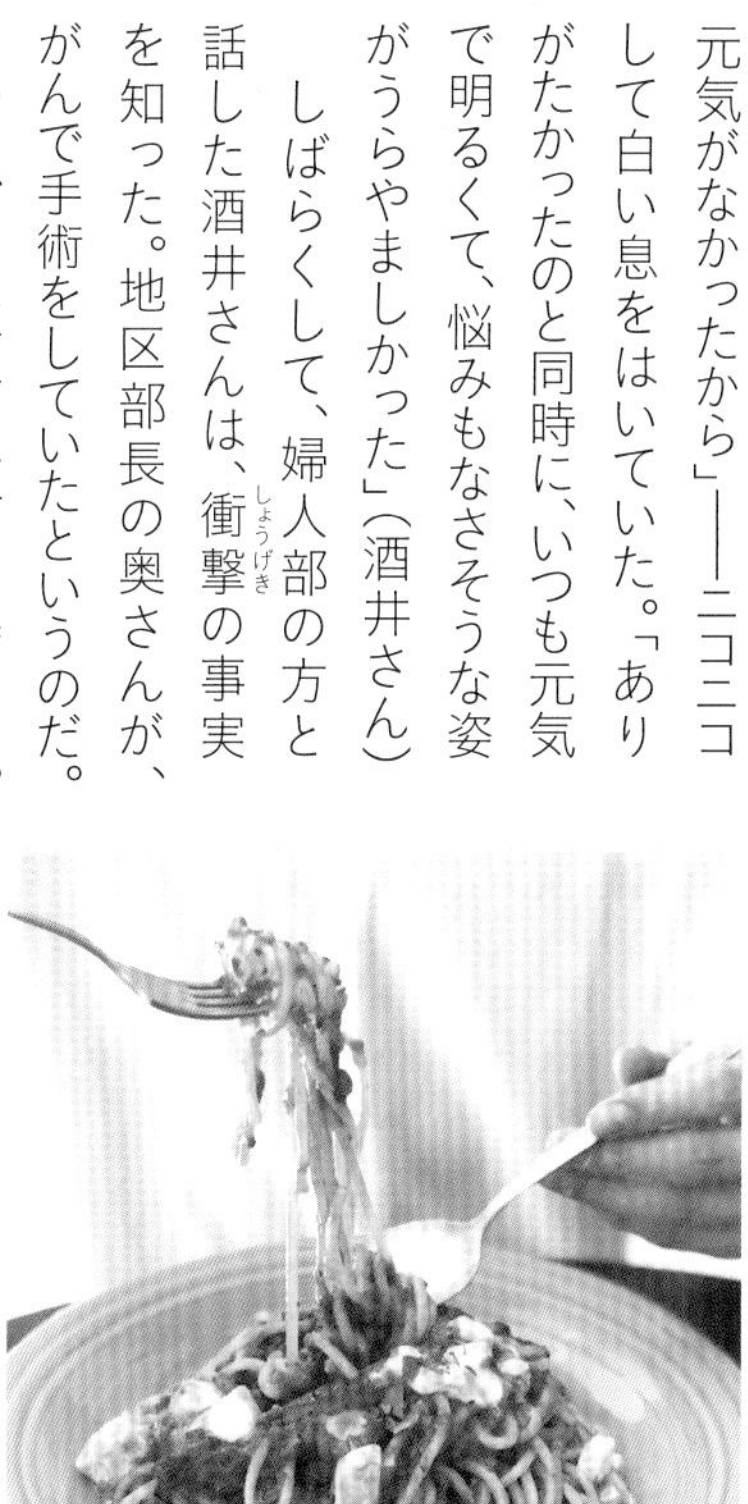

　母は意識を回復。1週間で退院し、障がいも残らず、数週間後には新たな仕事を始めた。心身ともに、以前よりも元気になった。酒井さん自身も仕事にいっそう励《はげ》めるようになり、2016年、独立。「Pasta Alba」には、愛する家族が仲良く集うように。信心を貫《つらぬ》く中で、苦難の闇《やみ》が一気に晴れた。

「宿命《しゅくめい》は、崖《がけ》っぷちではなく、使命の大海原《おおうなばら》へ飛び立つ出発点でした。だから、どんな逆風が吹いても、それを飛翔《ひしょう》の力に変えていけます。この信心さえあれば」

　そう語る酒井さんは、現在、2店舗目の出店に向け、すでに前を向いている。

TITLE

ママのいない子育て

NAME

増田
久隆
さん

妻の笑顔、いつもこの胸に

美容室の店舗《てんぽ》数は「コンビニの5倍」ともいわれる。しれつな競争の中で、増田久隆さんが取締役《とりしまりやく》を務《つと》めるヘアサロンは大人気。専属スタイリストとして、元日本代表サッカー選手や有名タレントからの指名も受ける。人を引きつけるのは、抜きんでた技と、こまやかな気配り。そして、胸の中で生き続ける妻・祐子《ゆうこ》さんへの誓《ちか》いである。

美容師としての腕《うで》を磨《みが》き、今の店に移籍《いせき》したのは、2005年のこと。

その頃、私は、抜けきれない遊びのせいで、借金を抱《かか》えていた。電気や水道も止められた。つまずきの多い人生……。自分の弱さを嘆《なげ》いた。

助けてくれたのは、店の上司。彼は、創価学会の先輩でもあった。

「食うものないなら、うちに来い」って、3年間ほぼ毎日、ご飯をごちそうになり、一緒に祈《いの》ってくれた。

PROFILE

ますだ・ひさたか
神奈川県横浜市在住。後にJリーガーになる兄に憧《あこが》れ、サッカー一筋の青春を送るも挫折《ざせつ》。高校を中退し、美容師に。現在、東京・世田谷と横浜に8店舗を構《かま》えるヘアサロンで取締役を務めながら、6歳の長男・佑海《ゆうま》君を育てている。

本気で〝自分を変えたい〟と思った。男子部の活動に参加するようになり、3年後には借金を完済できた。

◆

私は店で、運命的な出会いをした。

私のお客さまとして、店に通ってくれていた「祐《ゆう》ちゃん」。

祐ちゃんは、口数は少ないけど、いつもニコニコしてた。人の悪口や愚痴《ぐち》を言わない、懐《ふところ》の深い人。そんな彼女に引かれた私は、バラの花束でプロポーズ。祐ちゃんは、笑顔で受け止めてくれた。

結婚の翌年、長男が生まれた。祐ちゃんの「ゆう」をとって、「佑海《ゆうま》」と名付けた。新生活に胸を躍《おど》らせていた直後のことだった。祐ちゃんの体に、がんが見つかったのは……。すでに進行していて、厳《きび》しい抗がん剤治療になった。

髪の毛が抜けていく。佑海に母乳をあげられなくなる。それでも、祐ちゃんは耐《た》えた。幼《おさな》かった佑海も、ママの頑張りを分かっていたと思う。お出掛《でか》けする時、佑海がいつも、ママのウィッグを持ってきてくれた。けなげな姿が、いとおしかった。

◆

3年間の闘病《とうびょう》生活だった。最後まで戦い抜いた祐ちゃんは、2017年秋、眠《ねむ》るように旅立った。

看護師さんが声を掛《か》けてくれた。

「旦那《だんな》さん、美容師さんですよね？最後に、奥さまの頭を洗《あら》ってあげませんか」

髪のない祐ちゃんの頭に触れた。

「お疲れさま。よく頑張ったね……」

涙が止まらなかった。最後のヘッドスパ、祐ちゃんにしてあげたい。

題目《だいもく》を唱えながら指に力を込め、もみほぐしていった。一押し、一押しに感謝を込めると、治療で硬《かた》くなった頭皮《とうひ》がほぐれていく。表情まで柔《やわ》らかくなり、祐ちゃんが、ほほ笑んでいるように見えた。

◆

祐ちゃんを亡《な》くしてから、正直、〝もうだめだ〟と何度も思った。

子育ての喜びも苦労も、一番共有したい人がいない。その孤独感《こどくかん》は、あまりにも深かった。苦しい時は、いつも池田先生の本を開いた。

「その人の真実は、そのまま人生の最終章に結晶《けっしょう》されるものである」

胸の中で色あせることなく輝く、祐ちゃんとの思い出。並んで祈った、あの日。一緒に折伏《しゃくぶく》に歩いた、あの日。どんな苦難にも負けなかった、あの笑顔。最後の瞬間まで信心を貫《つらぬ》いた偉大な妻を、心から誇《ほこ》りに思う。

私も妻のように、筋《すじ》の通った人生を歩みたい。祐ちゃんが幸せを祈り続けた友達には、私が引き継《つ》いで祈りを送り、対話を重ねている。

職場の入社式や新人研修で、後輩たちに話すようになったことがある。

それは「美容師の技術は、目に見えるものだけじゃない」ということ。心のぬくもりは、目には見えない。でも必ず、両手の指先から、お客さまに伝わっていく。あの日、私の思いが祐ちゃんに届いたように——。学会活動や仕事の場で、祐ちゃんのことを語るたび、〝今も一緒に生きてるんだ〟って思える。

祐ちゃんにそっくりな佑海。ママが亡くなってから泣くことが減った。そんな我慢《がまん》強いところも、ママに似てる。佑海が立てるようになって初めてしたことは、御本尊《ごほんぞん》様の鈴《りん》をたたいたことだった。ママの信念を、この子は命で感じ取り、受け継いでいるんだと思う。

祐ちゃん、佑海ね、この春、小学生になったよ。立派な男子部に育てるから。ずっと見守っていてね。

妻・祐子さんと写る「思い出の一枚」：本人提供

コロナ禍の中、3週間で完成した青年の歌

未来の地図 〜Step Forward〜

雨が降ろうと　あしたは咲く
心の虹をかけよう

2020年4月7日。新型コロナウイルスの爆発的な感染拡大を防ぐため、日本で史上初めて「緊急事態宣言」が発令された。

コロナショックが列島を覆《おお》う中、宣言からわずか3日後、創価学会青年部は参加型のプロジェクト「うたつく」(歌をつくろう)を立ち上げた。

制作期間は3週間余り。「直接会う」ことが難しい中、プロジェクトは全てオンラインで進められることに。「今までと同じ」では立ち行かない状況で、変化を恐《おそ》れず、新たな価値を創《つく》り出そうと決めた。

5月3日の楽曲完成を目指し、全6回にわたる参加企画を実施。歌詞に込めたい思いの募集に始まり、サビパートの音源や楽譜、歌詞を特設サイトに公開。各家庭や友人同士でオリジナルのコラボを楽しみ、その動画がSNSや動画サイトに次々と投稿された。

海を越え、幅広い世代の人たちが、音でつながり、歌で結ばれたプロジェクト。5月3日、青年の歌「未来の地図 〜Step《ステップ》 Forward《フォワード》〜」が完成した。

学会公式 ▶

2つのミュージックビデオ
どちらがお好きですか?
⟵ ⟶

一般公開 ▶

COLUMN

3

QUESTION & ANSWER

Q 創価学会が目指しているものって何？

A 一人一人の幸福の実現。それが「世界平和」に繋《つな》がるんだ。

創価学会では、よく「世界平和」というワードが出てくるんだ。ただ、世界平和って、ちょっとスケールが大きすぎて、イメージしづらいよね。壮大《そうだい》なことをしなきゃいけないようにも感じるし、何だか雲の上の話のような気もする。

でも、学会が実践《じっせん》するのは「自他共《じたとも》の幸福」を実現していくこと。平《ひら》たく言えば、自分が周りの人と一緒に幸せになっていくことで、平和を紡《つむ》いでいこうとしているんだ。

学会の歴史をみても、今から９０年前の創立以来、その時代ごとの社会的課題と向き合いながら、悩める庶民《しょみん》に寄《よ》り添《そ》ってきた。最初は平和を願う少人数《しょうにんずう》の集まりだった学会が、今では世界１９２カ国・地域《ちいき》に、ＳＧＩ（創価学会インタナショナル）のメンバーがいる。これは、幸せをかみしめた一人が、また次の一人へと幸せのバトンを渡し、「自他共の幸福」の連鎖《れんさ》が広がっていった証左《しょうさ》なんだ。

池田ＳＧＩ会長は、「世界平和といっても、小さな一歩一歩の積《つ》み重《かさ》ねです。身近《みぢか》な一人一人を徹底《てってい》して大切にし、友情の輪を広げていく」こと――と語っている。どんな壮大な旅路《たびじ》も、まずは一歩を踏《ふ》み出さなきゃ始まんない。自分のいる場所から平和の一歩をスタートさせていきたいね。

イギリスの歴史学者トインビー博士は、究極《きゅうきょく》において歴史を創るのは「水底《みなそこ》のゆるやかな動き」であると洞察《どうさつ》している。“水底の動き”の変化は見えづらいよね。でも、地道《じみち》な対話の積み重ねは、確実に世界平和へと繋がっているんだ。

【対　話】

DIALOGUE

アーノルド J トインビー　×　池田　大作

歴史学者　　創価学会インタナショナル会長

人類の生存のために、
語り合わねばならない——。
西洋の碩《せき》学《がく》は、
東洋の仏法指導者との
対談を望んだ。

時代の「挑戦」に「応戦《おうせん》」する哲学

一人の人間革命が社会の宿命《しゅくめい》を変える。

池田SGI（創価学会インタナショナル）会長は、〝人と会い、友情を結《むす》ぶことが、平和の推進力《すいしんりょく》になる〟との信条から、世界中の知性と対話を重《かさ》ねてきた。その本格的な始まりは、イギリスの歴史家トインビー博士との対談であった。SGI会長と博士の対談集『21世紀への対話』が発刊されてから、本年で45周年。巨大な西洋の碩学《せきがく》と、若き東洋の仏法指導者は、何を語り合ったのか。

池田・トインビー対談は、日本語、英語をはじめ、これまで29言語で出版されている。世界の指導者や大学総長、知識人らがひもとき、〝座右《ざゆう》の書〟とする。

日本語版の対談集は、12章、77のテーマからなる。

「社会の混乱期《こんらんき》には、方向性を見失《みうしな》った人々に対して、その時代を考察し、進むべき道を示していく百科事典のような書籍が必ず登場します。トインビー・池田対談も、そうしたものの一つとして、目次《もくじ》を参照し、手にとって読み込んでいくことで、進むべき方向性が見えてくるでしょう」（河合秀和・学習院大学名誉教授）

トインビー博士は1889年生まれ。ロンドン大学教授、王立国際問題研究所研究部長などを務め、大著『歴史の研究』を著《あらわ》した。「20世紀最大の歴史家」と評される。

同書の骨格《こっかく》をなすのは「挑戦と応戦」というテーマである。

博士は世界史を、国家や民族といった従来《じゅうらい》の枠組《わくぐ》みではなく、「文明」という単位で考察し、こう論じた。

文明は、侵略《しんりゃく》や自然環境などの「挑戦」に対して「応戦」する中で成長する。そして、応戦に失敗し、衰退《すいたい》過程に入った文明の、虐《しいた》げられた民衆によって、新たな高等宗教が生まれる――と。

2度の世界大戦、そして核兵器の使用は、博士が思索を深める契機となった。人類が生存するために、何をすればよいのか。人間の生命を踏《ふ》みにじる、戦争や暴力という「挑戦」に、どう「応戦」していくのか――。

東洋の大乗仏教、そして創価学会に注目した博士が、池田SGI会長に対談を望む手紙を送ったのは1969年だった。

対談は1972年と73年の2年越し、計40時間にわたって、ロンドンにあるトインビー博士の自宅で行われた。対談開始当初、博士は83歳。SGI会長は44歳だった。

「77」というテーマ数に見られるように、語らいの内容は、地球上のあらゆる問題に及《およ》んだ。二人は「人間」「生命」という根源《こんげん》の次元から、それらの解決の方途《ほうと》に迫《せま》った。

たとえば環境破壊《はかい》に関して、こう語り合っている。

池田「現代文明が、そのように自然の破壊にまで進んだ根本原因は、（中略）一つは、自然界は人間とは異《こと》なる別の世界だという考えがあったことでしょう」

トインビー「今日われわれは、汚染《おせん》が人類の生存を脅《おびや》かすことに気づき、貪欲《どんよく》を規制せずにはこれを解消できないことにも気づきました。（中略）欲望の中毒にかかっている人々は、近視眼的《きんしがんてき》な考え方をしがちです」

西洋人と東洋人。キリスト教徒と仏法者。異なる背景を持ちながらも、二人の対話の「合意点《ごういてん》はきわめて広範囲」「相違点《そういてん》は比較的わずか」（トインビー博士）だった。

テーマの一つが「人間の運命について」である。

貧富《ひんぷ》の差、境遇《きょうぐう》や能力の個人差など、生まれながらに存在する外的環境を〝運命〟と呼ぶならば、それはいかにして形成されるのか――。二人は仏法の「業《ごう》（カルマ）」の概念《がいねん》を取り上げた。

トインビー博士は、カルマを、人間の行為《こうい》が生み出す「倫理上《りんりじょう》の一種の銀行口座のようなもの」に例えた。そしてそのカルマは、個人だけではなく、社会にも影響を与えていると捉《とら》える。

池田SGI会長もその点について、「社会、制度、国家というものが、生命体と同じように、宿業《しゅくごう》を自《みずか》らの内に形成し、それによって影響され、さらに新たな宿業を形づくっていく」と述べている。

人にも、社会にも、宿業がある。日蓮大聖人《にちれんだいしょうにん》の仏法は、その宿命は「変えられる」と説く。

トインビー「ある社会の特定の時期における倫理的水準とは、その社会の成員各自の〝カルマのバランス・シート〟の状態によって決定され、また、各成員が（中略）他の成員に及ぼす相対的な倫理的影響によっても決定されます」

池田「私がつねづね考えていることも、博士のおっしゃったそのことなのです。そこで、人間性を形成しているこの宿業――不幸を重ねていきがちなこの宿業というもの――をいかに転換するか――。これこそは、個人個人が人生において対決しなければならない問題です。それを私たちは人間革命と呼んでいます」

トインビー「自分自身のためにも社会のためにも最も重要な課題は、自らのカルマをどう好転《こうてん》させるかということです。そのための唯一《ゆいいつ》の方法は、自己超克《ちょうこく》への努力を増すことです」

池田「人間が自己の宿業と戦い、これを超克していくためには、瞬間瞬間の努力が要求されます。（中略）不断《ふだん》の自己鍛錬《たんれん》によって、人間は、精神面においても〝進歩〟することができると私は信じます」

対談集を締《し》めくくるテーマは、「至高《しこう》の人間的価値」である。

何を大切にして生きるのか――。その「価値基準」によって、人生の方向性は決まる。池田SGI会長とトインビー博士は、「生命の尊厳《そんげん》」こそが、普遍的かつ絶対的な、至上の価値基準であることを確認し合った。

池田「人々は各人各様の価値

基準をもつようになり、価値の多様化《たようか》が叫《さけ》ばれています。(中略)それを包含《ほうがん》する共通の基盤《きばん》となるべき価値観が必要なのではないでしょうか。(中略)それは結局、人間としての価値であり、生命の尊厳ということになると思うのです」

トインビー「尊厳性——それがなければわれわれの生命は無価値であり、人生もまた幸福にはなりえないその尊厳性——を確立するよう、一層《いっそう》努力しなければなりません」

池田SGI会長とトインビー博士の対談集は、日本語版(『21世紀への対話』)、英語版(『CHOOSE LIFE』)をはじめ世界の29言語で出版されている

トインビー博士が86歳の生涯に幕《まく》を閉《と》じたのは、1975年10月。対談集が完成した数カ月後だった。英語版は翌76年に刊行された。

タイトルの『CHOOSE LIFE(生への選択)』は、博士が生前、自ら付けたものだった。

人類よ、生を選べ。生きて生き抜け——博士がSGI会長との対談で深めた信条であり、未来に込めたメッセージであった。

全ての人の生命が、ありのまま輝く「尊厳の社会」の建設は、一人の人間の行動から始まる。

この「人間革命の哲学」こそ、私たちが、グローバルな危機に「応戦」しゆくための指標である。

profile プロフィル

池田 大作

1928年、東京生まれ。19歳で創価学会に入会。戸田城聖先生に師事する。60年に創価学会第3代会長、75年にSGI(創価学会インタナショナル)会長に就任。これまで54カ国・地域を訪問し、各国の指導者、文化人、学者等と会見。平和・文化・教育の功績に、「国連平和賞」などのほか、世界の大学・学術機関から396の名誉学術称号が贈られている(2020年8月時点)。

アーノルド J トインビー

1889年、ロンドン生まれ。オックスフォード大学を卒業後、ロンドン大学教授、王立国際問題研究所研究部長などを歴任。西欧中心ではない独自の歴史観で文明の興亡の法則を体系化。「20世紀最大の歴史家」と評される。30年かけて書き上げた『歴史の研究』は不朽《ふきゅう》の名著として名高い。ほかに『試練に立つ文明』『人類と母なる大地』など著書多数。

• MESSAGE FOR YOUTH •

青年に贈る言葉

池田SGI会長が紡《つむ》いできた「言葉」は、いつも人々の心に光をともしてきました。その一つ一つが、この瞬間も、世界のどこかで誰かのチカラになっています。今、青年世代の皆さんに届けたい、希望の言葉を贈ります。

全宇宙《ぜんうちゅう》の
あらゆる宝《たから》よりも
尊《とうと》いものがある。
それは
私たちの生命《いのち》である。

There is something
more precious than all the treasure
in the entire universe.
That something
is our lives.

希望——それはわが太陽
勇気——それはわが太陽
太陽が昇《のぼ》れば闇夜《やみよ》は消える

Hope-that is my sun,
courage-that is my sun;
when the sun rises,
dark night disappears.

人生は順風《じゅんぷう》の時ばかりではない。
烈風《れっぷう》吹き荒れる風霜《ふうそう》の時もある。
苦難の逆風《ぎゃくふう》をも追い風へと変えゆく
「希望の力」は、自身の胸の中にある。

Life is not always smooth sailing.
At times winds rage and stormy weather prevails.
The power of hope that rests in one's heart
can change even contrary winds of suffering
to winds that push us ahead.

「笑《わら》う」という言葉は
古くは「咲《わら》う」とも書いたという
笑顔は 人間が咲かせることのできる花である

The character for "to laugh"
in ancient times
is said to have also been written
with the character for "to bloom."
A smile is a blossom that people can grow.

冬の寒さを知る人こそが
春の暖かさを実感できる
苦しみの闇《やみ》が深かった分だけ
大きな幸福の朝が光る

One who knows winter's chill
fully perceives the warmth of spring.
The profounder the black
of one's suffering,
the brighter the dawn of great happiness.

自分にしかできない
使命《しめい》がある。舞台がある。
人生は台本のない劇。
自分らしく、名優《めいゆう》のごとく
生き生きと、いつも笑顔で
生き抜いていきたい。

There is a mission, a stage,
belonging to you alone;
life is a drama with no script.
I wish you to be yourselves, and like great actors,
gayly, ever wreathed in smiles,
live out your lives.

未来といっても
「今」から始まる。
世界といっても
「ここ」から広がる。

The future begins with now;
the world spreads out from here.